Schnelle Gerichte

mit Gabi Wolpensinger

Kochbuch für das Modell Thermomix TM31

keller
VERSAND- UND VERLAGSBUCHHANDLUNG

Lektorat und Redaktion: Michaela Keller
Verlag: Versand- und Verlagsbuchhandlung M. Keller, Im Gaiern 10,
71287 Weissach

Internet: http://www.tm-kochbuch.de
E-mail: info@keller-versandbuchhandlung.de

Satz & Layout: Versand- und Verlagsbuchhandlung M. Keller
Bildnachweis: auf der Vorderseite © Gabi Wolpensinger, Alle Innenseiten: © Gabi Wolpensinger ausser Seite 1 © Alex Bramwell - Fotolia.com; Seite 7 Photo Alto © Jean-Blaise Hall
ISBN 978-3-942777-04-9
1. Auflage Dezember 2009
2. Auflage Juni 2011
3. Auflage Januar 2013
4. Auflage Dezember 2013

Hinweis:
Die vorliegenden Rezepte können mit der Küchenmaschine TM 31 zubereitet werden.
Alle in diesem Buch enthaltenen Angaben, Daten, Ergebnisse etc. wurden von der Autorin nach bestem Wissen erstellt und von ihr und dem Verlag mit größtmöglicher Sorgfalt überprüft. Eine Verantwortung und Haftung für etwaige inhaltliche Unrichtigkeiten kann jedoch nicht übernommen werden. Der Haftungsausschluss gilt nicht, soweit nach dem Produkthaftungsgesetz für Personen- und Sachschäden gehaftet wird. Jeder Leser muss beim Umgang mit den genannten Stoffen, Materialien, Geräten usw. Vorsicht walten lassen, Gebrauchsanweisungen und Herstellerhinweise beachten sowie den Zugang für Unbefugte verhindern.

Erklärungen:

Begriffe:

Begriff **„in Stücken“** - die Stücke einer Zutat gerade so groß schneiden, dass sie durch die Deckelöffnung passen, auch wenn Sie die Zutat direkt in den geöffneten Topf schneiden.

Begriff **„Abstauben“** - wenn der Hefeteig oder der Sauerteig im Topf noch klebt, dann mit dem Spatel am Rand des Topfes den Teig lösen und 1-3 EL Mehl über den Teig streuen. Nach Möglichkeit das Mehl direkt an den Topfrand geben. Topf verschließen und etwas festhalten, 10 Sekunden / Stufe 7 hochdrehen. Das Mehl wird schnell untergearbeitet und der Teig sollte nun nicht mehr kleben. Machen Sie eine Fingerprobe! Wenn kein Teig mehr am Finger hängen bleibt, ist er ok.

Garstufe - die höchste Temperaturstufe (Varomastufe)

Garaufsatz - hier ist der Aufsatz (mit durchsichtigem Deckel) gemeint, der auf den geschlossenen Topf aufgesetzt wird.

Einlegeboden - der Zwischenboden mit Löchern, der bei Bedarf in den Garaufsatz eingesetzt wird.

Garkörbchen - das gelochte Sieb, das direkt in den Topf eingehängt wird.

Abkürzungen:

MB - Messbecher, mit dem man den Topfdeckel verschließt (100 ml)

Msp. - Messerspitze

TL - Teelöffel

EL - Esslöffel

Energiewerte sind für 1 Portion angegeben. Üblicherweise ist eine Portion 250 g, ansonsten ist die Größe der Portion angegeben.

4. Suppen 55

5. Getränke 67

6. Hauptgerichte 77

Backen, Brot & Brötchen

Frühstücksweckle Käseweckle (10 Stück)

1 Würfel Hefe
310 g lauwarmes Wasser
650 g Weizenmehl Type 1050
2 gestrichene TL Salz
50 g Butter
1 TL Zucker

Alle Zutaten in den Mixtopf abwiegen und **2 ½ Minuten / Knetstufe** kneten. 2/3 des Teiges herausnehmen. Den Teig auf der Arbeitsplatte zu Wecken formen und auf ein Backblech geben.

150 g mittelalter Gouda, in Stücken

zum restlichen Teig in den Mixtopf geben und **8 Sekunden / Stufe 6** vermischen. Teig herausnehmen und ebenfalls zu Wecken formen.

Backen: ca. 25 Minuten bei 200°C.

Tipp: Beim Brot- oder Brötchenbacken heißes Wasser in einer Schüssel auf die unterste Stufe im Backofen stellen. Das Backgut wird knuspriger.

Nährwerte je Portion (100 g)

265,63 kcal / **1111,8** KJ • **8 g** Fett • **10,4 g** Eiweiß • **37,42 g** KH • **3,12** BE

Pizzamuffins

50 g Gouda, in Stücken	in den Mixtopf geben und **10 Sekunden / Stufe 6** zerkleinern. Umfüllen.
1 Zwiebel *1 Knoblauchzehe*	schälen, halbieren und mit in den Mixtopf geben. **5 Sekunden / Stufe 5** zerkleinern.
20 g Olivenöl	zugeben und **3 Minuten / Garstufe / Stufe 1** andünsten.
40 g eingelegte getrocknete Tomaten *40 g Salami, in Stücken* *1 Peperoni* *5 Blätter Basilikum*	in den Mixtopf zugeben und **5 Sekunden / Stufe 5** zerkleinern.
420 g Weizenmehl, Type 405 *1 TL Salz* *½ TL Zucker* *½ TL italienische Kräuter* *30 g Hefe* *200 g lauwarmes Wasser*	Alle restlichen Zutaten zugeben und **2 Minuten / Knetstufe** kneten. Den Teig in eine Muffinsform verteilen.
Den zerkleinerten Gouda	über die Muffins streuen.
	In den kalten Ofen stellen. **Backen: ca. 25 Minuten bei 220°C Ober- / Unterhitze.**

Nährwerte je Portion (100 g)

236,48 kcal / **989,36** KJ • **6,22 g** Fett • **8,6 g** Eiweiß • **35,88 g** KH • **2,93** BE

Pfannenbrot

(im Foto oben)

400 g Mehl
10 g Hefe
180 g lauwarmes Wasser
1 gehäufter TL Salz

Alle Zutaten in den Mixtopf geben und **3 Minuten / Knetstufe** kneten. Den Teig herausnehmen und in einer Schüssel an einem warmen Ort 30 Minuten gehen lassen.

Den Teig leicht durchkneten und 8 runde Teiglinge (Ø 15 cm) formen.

Mit wenig Öl in einer Pfanne unter einem Deckel goldbraun backen.

Nährwerte je Portion (100 g)

230,62 kcal / **964,24** KJ • **0,7 g** Fett • **7,16 g** Eiweiß • **48,04 g** KH • **4** BE

Bierteigfladen

(im Foto unten)

Den Backofen mit dem Backblech auf 250°C vorheizen.

2-4 Knoblauchzehen in den Mixtopf geben und **3 Sekunden / Stufe 5** zerkleinern.

10 g Olivenöl zugeben, den Knoblauch mithilfe des Spatels vermischen und umfüllen.

500 g Dinkelmehl
2 gestrichene TL Salz
170 g Bier (z. B. Pils)
160 g Wasser
½ Würfel Hefe

Alle Zutaten in den Mixtopf wiegen und **4 Minuten / Knetstufe** kneten. Den Teig abstauben und herausnehmen. In 4 gleich große Portionen teilen. Teigstück in ½ cm dicke Fladen auswellen und auf das heiße Backblech legen.

Olivenöl mit Knoblauch über die Fladen verteilen.

Nährwerte je Portion (100 g)

222,32 kcal / **932** KJ • **2,32 g** Fett • **6,46 g** Eiweiß • **42 g** KH • **3,5** BE

Backen: Ober- / Unterhitze 250°C ca. 15-18 Minuten.

Die Fladen schmecken gut mit Sommersalat und/oder Dips.

Tomatentaschen mit Schafskäse

200 g Emmentaler	in den Mixtopf geben und **6 Sekunden / Stufe 6** zerkleinern.
200 g Butter *120 g Milch* *1 Ei* *½ TL Backpulver* *400 g Weizenmehl Type 1050*	Alle angegebenen Zutaten in den Mixtopf abwiegen und **1 ½ Minute / Knetstufe** kneten. ½ Stunde kaltstellen.
1 Zwiebel	schälen, halbieren und in den Mixtopf geben. **3 Sekunden / Stufe 5** zerkleinern.
10 g Olivenöl	zugeben und **3 Minuten / Garstufe / Stufe 1** andünsten.
180 g Pizzatomaten *20 g Tomatenmark* *je 1 gestr. TL Oregano & Salz* *½ TL Cayennepfeffer*	Gewürze und Tomaten zugeben und **8 Minuten / 100°C / Stufe 2** kochen. In eine Schüssel umfüllen.
150 g gewürfelter Schafskäse	mit dem Spatel unterheben und abkühlen lassen.

Den Backofen auf **200°C Ober- / Unterhitze** vorheizen.

Wenn man keinen Täschler hat, den Teig mit Mehl knapp ½ cm dick auswellen und in gleich große Dreiecke schneiden. Die Hälfte der Dreiecke am Rand mit Eigelb bestreichen und die Füllung darauf verteilen. Ein zweites Dreieck auflegen und mit einer Gabel zusammendrücken.

Backen: ca. 15-20 Minuten goldgelb.

Mit einem gemischten Salat servieren!

Nährwerte je Portion (100 g)

309,76 kcal / **1297,36** KJ • **20,68 g** Fett • **10,48 g** Eiweiß • **20,72 g** KH • **1,73** BE

Zucchiniweckli mediterran (8-10 Stück, Foto)

100 g Höhlenkäse, in Stücken (dänischer Reifekäse)	in den Mixtopf geben und **5 Sekunden / Stufe 6** zerkleinern.
150 g Zucchini	in Stücken in den Mixtopf geben und **5 Sekunden / Stufe 4-5** zerkleinern.
1 Würfel Hefe *220 g lauwarmes Wasser* *600 g Weizenmehl Type 1050* *2 gestrichene TL Salz* *30 g Olivenöl* *½ TL Thymian*	Alle Zutaten in den Mixtopf abwiegen und **3 Minuten / Knetstufe** kneten. 30 Minuten im Topf zugedeckt gehen lassen. Nochmals **40 Sekunden / Knetstufe** kneten. Teig herausnehmen. Zu Weckli formen, einmal mit der Schere einschneiden. Nochmals gehen lassen. Inzwischen den Ofen auf **200°C Ober- / Unterhitze** vorheizen. **Backen: ca. 25 Minuten.**

Nährwerte je Portion (100 g)

235,32 kcal / **985,28** KJ • **5,2 g** Fett • **10,12 g** Eiweiß • **36,4 g** KH • **3,03** BE

Saftiges Dinkelbrot

	Den Ofen auf **220°C Ober- / Unterhitze** vorheizen.
100 g Sonnenblumenkerne	in einer Pfanne ohne Fett rösten.
460 g Dinkel	in den Mixtopf geben und **1 Minute / Stufe 10** zerkleinern.
250 g Apfelstücke, mit Schale	ohne Kerngehäuse zugeben und **5 Sekunden / Stufe 5** vermischen.

320 g warmes Wasser
1 Würfel Hefe
240 g Dinkelmehl Type 1050
geröstete Sonnenblumenkerne
1 TL Roggenmalzmehl
2 geh. TL Meersalz

Die restlichen Zutaten der Reihe nach zugeben und **3 Minuten / Knetstufe** kneten - mit dem Spatel mithelfen.

Im vorgeheizten Backofen **ca. 50-55 Minuten** backen.

Nährwerte je Portion (100 g)
228 kcal / **955,32** KJ • **4,53 g** Fett • **7,42 g** Eiweiß • **38,88 g** KH • **3,24** BE

Hotdog für Kinder

500 g Weizenmehl Type 1050
1 Würfel Hefe
40 g Butter
1 TL Zucker
1 TL Salz
130 g heißes Wasser
120 g Milch

Alle Zutaten in den Mixtopf geben und **2 ½ Minuten / Knetstufe** kneten.

Den Teig auf einer Arbeitsfläche kurz durchkneten und zugedeckt 20 Minuten gehen lassen. Zu einer Rolle formen und in 12 Portionen teilen. Jeweils zu einem Rechteck ca. 10x18 cm auswellen.

Den Ofen auf **180°C Ober- / Unterhitze** vorheizen.

12 Stück feine Wienerwürstchen
Ketchup und Senf

je 1 Würstchen auf die Teigplatte legen, entlang des Würstchens je 1 TL Ketchup und Senf streichen, dann aufrollen.
Die Hotdogs auf ein mit Backpapier ausgelegtes Blech legen und **25-30 Minuten backen.**

Nährwerte je Portion (100 g)
269,56 kcal / **1129,2** KJ • **15,68 g** Fett • **11,16 g** Eiweiß • **21,1 g** KH • **1,76** BE

Speckbrot

(Foto)

500 g Dinkelmehl Type 1050
150 g Roggenmehl Type 1150
2 TL Salz
30 g Hefe
230 g lauwarmes Wasser
150 g Vollmilchjoghurt
20 g Olivenöl
120 g Schwarzwälder Speck, gewürfelt

Alle Zutaten in den Mixtopf geben. **3 Minuten / Knetstufe** kneten.

Auf einer Arbeitsplatte von Hand durchkneten und in einer Schüssel mit Geschirrtuch zugedeckt gehen lassen. Dann nochmals durchkneten, ein rundes Brot formen, mit etwas Mehl bestäuben. Den Ofen auf **220°C Ober- / Unterhitze** vorheizen. **Backen: ca. 50-55 Minuten bei 220°C**. Wasser in den Ofen stellen!

Nährwerte je Portion (100 g)
244,2 kcal / **1022,8** KJ • **6,1 g** Fett • **7,94 g** Eiweiß • **38,88 g** KH • **3,24** BE

Weckle überbacken

50 g Emmentaler	in den Mixtopf geben und **5 Sekunden / Stufe 7** zerkleinern. Umfüllen.
6 Brötchen zum Aufbacken	halbieren, das Innere etwas aushöhlen und das Ausgehöhlte in den Mixtopf geben.
1 Handvoll Kräuter (Petersilie, Basilikum, Schnittlauch)	in den Mixtopf zugeben.
125 g Mozzarella, in Stücken *150 g Putenschinken, in Stücken* *zerkleinerter Käse*	Käse und Schinken zugeben und **5 Sekunden / Stufe 6** zerkleinern. Mit
Salz & Pfeffer	abschmecken.
	Füllung in die Weckle verteilen und im Backofen **15 Minuten bei 200°C Ober- / Unterhitze** überbacken.

Nährwerte je Portion (100 g)

254,25 kcal / **1063,8** KJ • **9,96 g** Fett • **14,21 g** Eiweiß • **26,56 g** KH • **2,21** BE

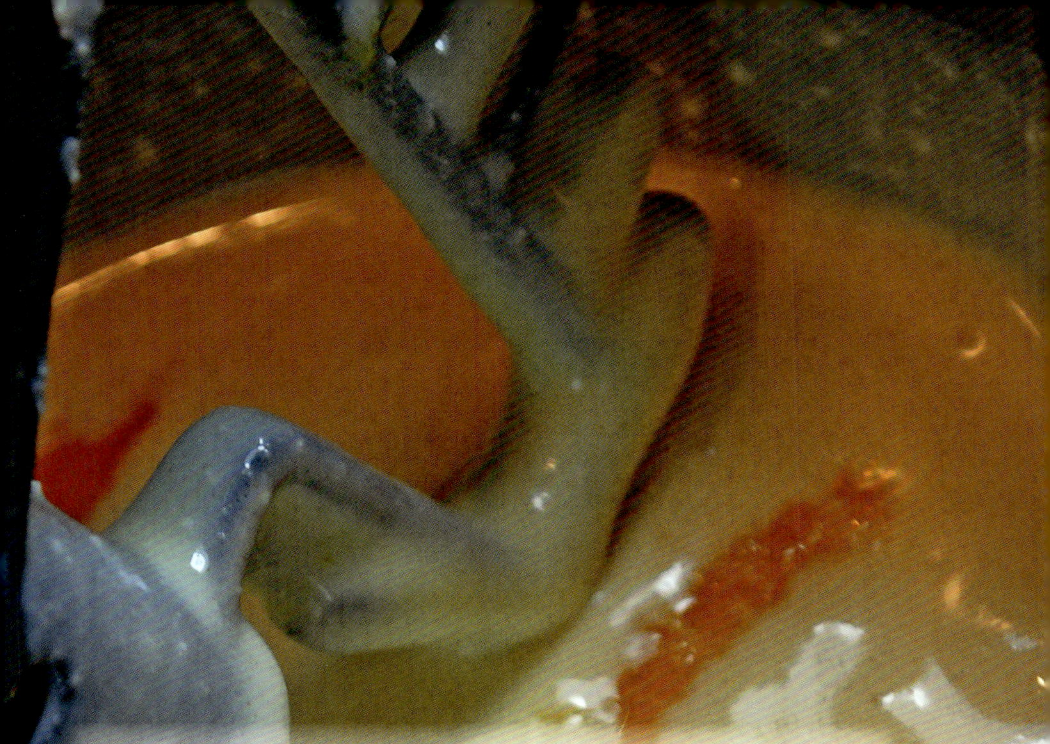

Süßes Gebäck

Zupfkuchen

Den Ofen auf **180°C Ober- / Unterhitze** vorheizen.

60 g Vollmilchschokolade, in Stücken

in den Mixtopf geben und **8 Sekunden / Stufe 10** zerkleinern.

Mürbeteig:

250 g Weizenmehl Type 1050
100 g Rohrzucker
120 g Butter, in Stückchen
1 Ei
½ Packung Backpulver

Restliche Zutaten zugeben und **20 Sekunden / Stufe 5** verrühren.

Mit 2/3 des Teiges den Boden einer mit Backpapier belegten Springform bedecken, einen Rand hochziehen.
Den restlichen Teig beiseite stellen.

Mixtopf gut säubern (fettfrei).

3 Eiweiß

mit Rühraufsatz **3 Minuten / Stufe 3** steif schlagen. Umfüllen.

500 g Magerquark
50 g Mangolikör (Rezept auf Seite 74)
80 g Rohrzucker
3 Eigelb
1 Pck. Vanillepuddingpulver

Alle angegebenen Zutaten in den Mixtopf geben. **20 Sekunden / Stufe 6** mischen.
Eischnee mit dem Spatel von Hand vorsichtig unterziehen und die Masse auf dem Teigboden verteilen.

½ Mango

schälen, entkernen und in kleine Stücke schneiden. Über die Quarkmasse verteilen.

Nährwerte je Portion (100 g)

255,3 kcal / **1069,36** KJ • **10,14 g** Fett • **8,9 g** Eiweiß • **30,3 g** KH • **2,52** BE

Den restlichen Teig in kleine Stückchen „zupfen“ und auf dem Kuchen verteilen.

Backen: auf der mittleren Schiene ca. 55 Minuten.

Variante:

Statt Mango schmeckt der Kuchen auch mit Himbeeren gut. Dann Mangolikör durch 30 g Himbeergeist ersetzen.

Gabi's Nussecken

200 g Mandeln	und
200 g gemischte Nüsse	im Mixtopf **5 Sekunden / Stufe 7** zerkleinern.
200 g Marzipan	in Stücken zugeben und **5 Sekunden / Stufe 5** vermischen. Umfüllen.
250 g Butter	in Stücken in den Mixtopf geben.
100 g Rohrzucker	
360 g Weizenmehl Type 405	
1 TL Backpulver	
1 Packung Vanillezucker	Alle Zutaten zugeben, **12 Sekunden / Stufe 6** mischen.
	Den Teig auswellen und auf ein mit Backpapier ausgelegtes Backblech geben.
120 g Orangenmarmelade	in den Mixtopf geben und **1 ½ Minute / 80°C / Stufe 1** erwärmen.
	Auf der Teigplatte verteilen.
200 g Butter	in den Mixtopf geben, **5 Sekunden / Stufe 5** schlagen.
50 g Sahne	
50 g Rohrzucker	und
1 Packung Vanillezucker	zugeben, **3 Minuten / 100°C / Stufe 2** erhitzen.
Zerkleinerte Nüsse	zugeben und **20 Sekunden / Stufe 4** mischen.
	Nussmasse auf der Platte verteilen und bei **180°C Ober- / Unterhitze ca. 30 Minuten backen**.
	Den abgekühlten Kuchen in Dreiecke schneiden.
je 1 Pck. Schokoladenglasur dunkel und hell	erwärmen und die Dreiecke damit dekorieren.

Nährwerte je Portion (100 g)

508,72 kcal / **2129,84** KJ • **36,92 g** Fett • **8,8 g** Eiweiß • **36,92 g** KH • **3** BE

Einback

80 g Butter
1 Ei
150 g Milch

Alle Zutaten in den Mixtopf geben und **2 Minuten / 37°C / Stufe 4** erwärmen.

1 TL Salz
1 Würfel Hefe
500 g Mehl
50 g Rohrzucker

Restliche Zutaten zugeben und **2 ½ Minuten / Knetstufe** kneten.

40 Minuten zugedeckt an einem warmen Ort gehen lassen.

Mit Mehl zu einer langen Rolle formen und auf ein mit Backpapier belegtes Blech setzen. Mit einem scharfen Messer Scheiben schneiden, aber nebeneinander in der Rolle sitzen lassen.

Nochmals 20 Minuten mit einem Geschirrtuch zugedeckt gehen lassen.

Mit *1 Eigelb* die Oberfläche bestreichen.

Im vorgeheizten Backofen **bei 180°C Ober- / Unterhitze ca. 25 Minuten** backen.

Nährwerte je Portion (100 g)

315,96 kcal / **1322,1** KJ • **10,1 g** Fett • **8,92 g** Eiweiß • **46,88 g** KH • **3,91** BE

Schokoladenmuffins

Den Backofen auf 180°C Ober- / Unterhitze vorheizen.

30 g Butter
220 g Milch und
2 Eier im Mixtopf **2 Minuten / 37°C / Stufe 5** erwärmen.

200 g Mehl
80 g Rohrzucker
20 g Kakao
2 TL Backpulver
1 Pck. Bourbon-Vanillezucker
75 g Schokotröpfchen Restliche Zutaten zugeben und **10 Sekunden / Stufe 5** rühren.

Den Teig in eine Muffinsform verteilen.

Backen: im vorgeheizten Backofen **ca. 15-20 Minuten.**

Inzwischen:

Schokoladenglasur erhitzen und über die noch warmen Muffins streichen und mit

Schokoherzchen oder für Kinder bunte Dekostreusel dekorieren.

Tipp:	Lieblingskuchen bei jedem Kindergeburtstag (für jedes Alter)!

Nährwerte je Portion (100 g)

289,4 kcal / **1211,64** KJ • **10,44 g** Fett • **7,5 g** Eiweiß • **40,97 g** KH • **3,42** BE

Himbeerbiskuitrolle

Backofen auf **180°C Ober- / Unterhitze** vorheizen.

Rühraufsatz einsetzen!

4 Eiweiß
150 g Zucker
1 Päckchen Vanillezucker

in den Mixtopf geben und **5 Minuten / 37°C / Stufe 3** steif schlagen.

4 Eigelb

zugeben und **10 Sekunden / Stufe 2** unterrühren.

160 g Weizenmehl Type 405
½ Päckchen Backpulver

Mehl und Backpulver zugeben und **10 Sekunden / abwechselnd mit Linkslauf und Stufe 1** unterrühren. Backblech mit Backpapier auslegen und den Teig darauf gleichmäßig verteilen.

Backen: 15 Minuten auf mittlerer Schiene.

Die Teigplatte auf ein mit Zucker bestreutes Handtuch stürzen und gleich aufrollen. Wenn sie abgekühlt ist, wieder ausrollen und das Backpapier entfernen.

400 g Sahne
2 gestr. TL Johannisbrotkernmehl
1 Päckchen Vanillezucker

Alle Zutaten in den kalten Mixtopf geben und ca. **10 Sekunden / Stufe 10** schlagen, bis Konturen am Topfrand sichtbar sind. ¾ der Sahne auf den Biskuit streichen.

200 g frische oder gefrorene Himbeeren

darauf verteilen und wieder zusammenrollen. Mit Puderzucker bestreuen. Mit Sahnetupfern und Himbeeren dekorieren.

Nährwerte je Portion (100 g)

241,52 kcal / **1011,9** KJ • **12,84 g** Fett • **5,26 g** Eiweiß • **26 g** KH • **2,17** BE

Sonntagskekse

50 g Mandeln	im Mixtopf geben und **6 Sekunden / Stufe 10** zerkleinern.
100 g Butter	in Stücken zugeben.
2 Eier Größe M *80 g Zucker* *250 g Weizenmehl Type 405* *1 Prise Salz* *3 Tropfen Vanillearoma* *40 g Schokotröpfchen*	Alle restlichen Zutaten zugeben und **8 Sekunden / Stufe 6** vermischen. 1 Stunde kaltstellen.
	Eine Rolle formen und Teigkreise abschneiden.
	Auf ein mit Backpapier ausgelegtes Blech setzen.
	Im vorgeheizten Backofen **175°C Ober- / Unterhitze 10-15 Minuten** backen.

Nährwerte je Portion (100 g)

405,9 kcal / **1699,47** KJ • **22,1 g** Fett • **8,47 g** Eiweiß • **43,44 g** KH • **3,62** BE

Gute Laune Kekse nach Hildegard (Foto)

Gewürzmischung:

45 g Muskatpulver *45 g Zimtpulver* *10 g Nelkenpulver*	Alle Gewürze in eine Schüssel auf dem Topfdeckel abwiegen, gut mit einem Löffel vermischen. In ein Gewürzgläschen umfüllen. Die Menge reicht für 3 Portionen Teig.
200 g Dinkel	in den Mixtopf geben, **30 Sekunden / Stufe 10** zerkleinern.
200 g Mandeln *200 g Dinkelmehl Type 630*	Beides in den Mixtopf abwiegen, **10 Sekunden / Stufe 5** zerkleinern.

250 g Butter	in Stücken zugeben,
150 g Rohrzucker	
2 Eier	
30 g Gewürzmischung	
1 Prise Meersalz	alles zugeben und **15 Sekunden / Stufe 6** vermischen.

Zu einer Kugel formen und ½ Stunde kaltstellen.

Inzwischen den Ofen auf **190°C Ober- / Unterhitze** vorheizen lassen.

Dann zu einer ½ cm dicken Platte auswellen und Kekse ausstechen.

Backen: 10-12 Minuten.

Nährwerte je Portion (100 g)

461 kcal / **1932,5** KJ • **30,22 g** Fett • **8,38 g** Eiweiß • **39,51 g** KH • **3,29** BE

Quarkkuchen mit Eierlikör

	Backofen auf **180°C Ober- / Unterhitze** vorheizen.
	Rührаufsatz einsetzen!
1 Vanilleschote	halbieren und Mark aus der Schote in den Mixtopf geben.
500 g Milch, 1,5% Fett *1 Ei* *60 g Rohrzucker* *1 Vanillepuddingpulver*	Alle Zutaten zugeben und in **7 Minuten / 100°C / Stufe 2** einen Pudding kochen. Umfüllen und die Schüssel mit Klarsichtfolie abdecken. In einer Schüssel mit kaltem Wasser abkühlen lassen.
Hefeteig:	Rührаufsatz herausnehmen!
150 g Milch, 1,5% Fett *50 g Butter, halbfett*	Milch und Butter im Mixtopf **1 Minute / 37°C / Stufe 1** erwärmen.
320 g helles Dinkelmehl *40 g Rohrzucker* *½ Würfel Hefe* *½ geh. TL Salz* *Schale ½ ungespritzten Zitrone*	Restliche Zutaten zugeben. **2 Minuten / Knetstufe** kneten.
	Eine Springform ausfetten, Teig auswellen und in die Form legen. Zugedeckt 20 Minuten gehen lassen.
400 g Magerquark	in den Mixtopf geben und den lauwarmen Pudding zugeben. **15 Sekunden / Stufe 4** vermischen. Auf dem Teig verteilen. Mixtopf säubern.

Nährwerte je Portion (100 g)
179,98 kcal / **754,7** KJ • **4,72 g** Fett • **7,46 g** Eiweiß • **24,78 g** KH • **2,06** BE

Rühraufsatz einsetzen!

2 Eiweiß	
1 Prise Salz	
20 g Rohrzucker	mit Salz und Zucker in den Mixtopf geben. **3 Minuten / 37°C / Stufe 4** zu Schnee schlagen. Umfüllen.
60 g Butter, halbfett	mit
½ Päckchen Vanillepudding-pulver	in den Mixtopf geben. **4 Sekunden / Stufe 4** mischen.
2 Eigelb	zugeben und **4 Sekunden / Stufe 5** mischen.
150 g Eierlikör	zugeben und **4 Sekunden / Stufe 4** vermischen.
Eischnee	zugeben und mit dem Spatel unterheben. Die Masse auf der Quarkmasse verteilen.
	Im vorgeheizten Backofen **bei 180°C Ober- / Unterhitze 45 Minuten** backen.
	In der Backform erkalten lassen.

Schneller Apfelkuchen

Den Backofen auf **220°C Ober- / Unterhitze** vorheizen.

275 g Blätterteig in einer 28 cm großen runden Backform auslegen.

Ca. 1 kg säuerliche Äpfel vierteln, entkernen, schälen und fächerförmig einschneiden.
Die Äpfelviertel auf dem Blätterteig aneinanderreihen.

Guss:

30 g Zucker
2 Eier
300 g Schlagsahne
1 Pck. Vanillepuddingpulver

Restliche Zutaten in den Mixtopf geben und **10 Sekunden / Stufe 4** mischen.

Über die Äpfel verteilen.

Backen: ca. 30 Minuten.

Nährwerte je Portion (100 g)

170 kcal / **711,43** KJ • **11,23 g** Fett • **2,2 g** Eiweiß • **15,13 g** KH • **1,26** BE

Ruck-Zuck Blechkuchen

4 Eier
100 g Zucker
1 Päckchen Vanillezucker
1 Prise Salz
200 g Sahne

Alle Zutaten in den Mixtopf geben und **1 Minute / Stufe 4** schaumig schlagen.

250 g Weizenmehl Type 405
1 Päckchen Backpulver

Beides zugeben und **10 Sekunden / Stufe 5** unterrühren.

Den Teig auf einem mit Backpapier ausgelegten Backblech gleichmäßig verteilen. In den kalten Backofen schieben.

Backen: bei 200°C Ober- / Unterhitze, mittlere Schiene, **ca. 18 Minuten.**

120 g Butter
1 Päckchen Vanillezucker
50 g Zucker
30 g Milch

Butter, Zucker und Milch in den Mixtopf geben. **5 Sekunden / Stufe 5** verrühren. **2 ½ Minuten / 100°C / Stufe 1** erhitzen.

200 g Mandelblättchen

zugeben und **20 Sekunden / Stufe 1** vermischen.

Auf der Teigplatte verteilen und nochmals **ca. 15 Minuten bei 200°C backen.**

Nährwerte je Portion (100 g)

375 kcal / **1570,37** KJ • **24,78 g** Fett • **8,41 g** Eiweiß • **30 g** KH • **2,5** BE

Vorspeisen, Aufstriche & Dips

Zucchiniröllchen mit Lachscreme

2 kleine Zucchini	längs in dünne Scheiben schneiden.
	Mit
Olivenöl	einreiben und mit
Salz & Pfeffer	würzen. In den Garaufsatz verteilen.
¼ Liter heißes Wasser	in den Mixtopf geben. Topf verschließen, Garaufsatz aufsetzen und **10 Minuten / Garstufe / Stufe 2** dämpfen. Auf Küchenkrepp abkühlen lassen.
200 g geräucherter Lachs *½ Bund Lauchzwiebeln*	Beides in Stücken in den Mixtopf geben.
1 Apfel	vierteln, Kerngehäuse herausschneiden, zugeben.
1 EL Zitronensaft	zugeben und mit
Salz & Pfeffer	abschmecken. **5 Sekunden / Stufe 5**
2 TL Senf	alles zerkleinern.
200 g Frischkäse	zugeben und nochmals **5 Sekunden / Stufe 4** mischen.
	Die Füllung auf die Zucchinischeiben streichen, aufrollen und mit einem Zahnstocher fixieren.
Servieren:	Zum Salat, fürs Buffet, als Snack.

Nährwerte je Portion (250 g)

334,2 kcal / **1399,1** KJ • **23,5 g** Fett • **21,06 g** Eiweiß • **9,51 g** KH • **0,79** BE

Gemischter Salat

150 g Eisbergsalat	geputzt in eine Salatschüssel geben.
5 Radieschen	putzen, in dünne Scheiben schneiden, zum Salat geben.
8 Kirschtomaten	halbieren und zum Salat geben.
1 Knoblauchzehe	und
50 g Möhren, in Stücken	in den Mixtopf geben, **5 Sekunden / Stufe 5** zerkleinern.
50 g Tomaten	zugeben und **3 Sekunden / Stufe 6** zerkleinern.
10 g Olivenöl	zugeben und **3 Minuten / Garstufe / Stufe 1** dünsten. Zum Salat geben.
20 g körniger Senf *150 g saure Sahne 20% Fett* *10 g Aceto bianco* *Salz & Pfeffer*	Restliche Zutaten in den Mixtopf geben und **2 Minuten / 50°C / Stufe 2** erhitzen. Über den Salat geben und mit einem Salatbesteck mischen. Abschmecken!

Tipp: Reichen Sie dazu ein angebratenes Hähnchenbrustfilet mit ein paar Röstzwiebeln. So haben Sie ein schnelles Mittagessen.

Nährwerte je Portion (250 g)

222,34 kcal / **933,12** KJ • **18,9 g** Fett • **4,2 g** Eiweiß • **2,93 g** KH • **0,61** BE

Schnittlauchcreme

(Foto oben)

1 Bund Schnittlauch	mit einer Küchenschere in 2 cm lange Stücke direkt in den Mixtopf schneiden. **5 Sekunden / Stufe 7** zerkleinern.
150 g Sauerrahm 10%	zugeben und **10 Sekunden / Stufe 7** mischen.
200 g Frischkäse, light *Meersalz & Pfeffer*	mit Gewürzen zugeben und **8 Sekunden / Stufe 3** mischen. Abschmecken.

Nährwerte je Portion (100 g)

96,24 kcal / **401,45** KJ • **4,77 g** Fett • **8,87 g** Eiweiß • **3,8 g** KH • **0,32** BE

Pikanter Hüttenkäse

(Foto unten)

50 g Essiggurken *3 grüne Peperoni* *1 Tomate, halbiert*	Alle Zutaten in den Mixtopf geben. **3 Sekunden / Stufe 5** zerkleinern.
200 g Hüttenkäse, light *Salz, Pfeffer & Basilikum*	mit zugeben und **5 Sekunden / Stufe 4** mischen.

Nährwerte je Portion (100 g)

53,48 kcal / **225,56** KJ • **0,86 g** Fett • **7,62 g** Eiweiß • **3,3 g** KH • **0,252** BE

Forellenaufstrich

125 g geräuchertes Forellenfilet mit Pfefferkörnern

Den Fisch in den Mixtopf geben und **5 Sekunden / Stufe 5** zerkleinern.

200 g körniger Frischkäse (Magerstufe)
3 TL Meerrettich frisch gerieben oder aus dem Glas
Salz & Pfeffer

Restliche Zutaten zugeben und **8 Sekunden / Stufe 3** vermischen. Mit Salz & Pfeffer abschmecken. In eine Schüssel umfüllen.

Nährwerte je Portion (100 g)
95,6 kcal / **401,1** KJ • **2,2 g** Fett • **16,35 g** Eiweiß • **2,2 g** KH • **0,19** BE

Tomatenaufstrich mit Oliven

100 g eingelegte getrocknete Tomaten
50 g eingelegte, grüne Peperoni
50 g Oliven, in Kräutern eingelegt
100 g Feta, Schafskäse
frisch gem. Pfeffer

Alle Zutaten in den Mixtopf geben. **5 Sekunden / Stufe 5** zerkleinern.

Nährwerte je Portion (100 g)
158,42 kcal / **666,1** KJ • **10,6 g** Fett • **8,1 g** Eiweiß • **6,66 g** KH • **0,04** BE

Kirsch-Johannisbeer-Marmelade (Foto)

500 g Kirschen	mit Kernen in den Mixtopf geben. **30 Sekunden / Stufe 4** rühren. In ein grobes Sieb umfüllen und den Saft mit dem Fruchtfleisch auffangen.
= ergibt ca. 360 g Kirschsaft *250 g schwarze Johannisbeeren* *620 g Gelierzucker 1:1*	Alle Zutaten in den Mixtopf geben. **20 Sekunden / Stufe 3** mischen. **15 Minuten / 100°C / Stufe 2** kochen.
	In heiß ausgespülte Gläser füllen und sofort verschließen.
Immer beachten:	Die Marmelade muss nach dem Erreichen von 100°C noch 4 Minuten kochen! Die Früchte und den gewonnenen Saft abwiegen und dementsprechend den Zucker dosieren!

Nährwerte je Portion (100 g)

226,3 kcal / **960,7** KJ • **0,13 g** Fett • **0,5 g** Eiweiß • **54,77 g** KH • **0,45** BE

Himbeermarmelade mit Schokostückchen

300 g Himbeeren *30 g Himbeergeist* *Saft von ½ Zitrone* *170 g Gelierzucker 2:1*	Alle Zutaten in den Mixtopf geben und **5 Sekunden / Stufe 6** zerkleinern. Dann **10 Minuten / 100°C / Stufe 3** kochen.
40 g Schokotropfen	zugeben und **5 Sekunden / Stufe 2** mischen.
	Sofort in heiß ausgewaschene Gläser füllen und verschließen.

Nährwerte je Portion (100 g)

189,26 kcal / **800,42** KJ • **2,41 g** Fett • **1,04 g** Eiweiß • **7,3 g** KH • **0,6** BE

ORTO MIO

Quittenchutney

1 Knoblauchzehe	
10 g Ingwer, geschält	und
1 Chilischote	in den Mixtopf geben. **5 Sekunden / Stufe 5** zerkleinern.
150 g Tomaten	halbiert zugeben.
1 kg Quitten	waschen, abreiben, vierteln und entkernen. In Stücken in den Topf zugeben.
1 rote Paprika (170 g)	in Stücken zugeben, **30 Sekunden / Stufe 5** zerkleinern.
300 g Apfelsaft	
Saft 1 Zitrone	
100 g Balsamico bianco	
1 EL Meersalz, Pfeffer	Restliche Zutaten zugeben und **20 Minuten / 100°C / Stufe 2** kochen. Abschmecken.
400 g Gelierzucker 2:1	zugeben und **6 Minuten / 100°C / Stufe 2** kochen. **20 Sekunden / Stufe 10** pürieren.
	Sofort in heiß ausgespülte Gläser füllen und verschließen.

Nährwerte je Portion (100 g)

107,76 kcal / **456,2** KJ • **0,36 g** Fett • **0,45 g** Eiweiß • **6,9 g** KH • **0,48** BE

Quitten-
Chutney
Quitten-
marmela

Weißkrautsalat scharf

(Foto)

1 Knoblauchzehe	in den Mixtopf geben und **5 Sekunden / Stufe 5** zerkleinern.
200 g Weißkraut, in Stücken	und
1 roter Apfel, entkernt	zugeben. **6 Sekunden / Stufe 3-4** zerkleinern.
20 g Olivenöl	zugeben und **4 Minuten / Garstufe / Stufe 1** dünsten.
150 g eingel. rote Paprika	
30 g Apfelessig	
2 TL Sambal Oelek	Restliche Zutaten zugeben und
(Rezept auf Seite 89)	**10 Sekunden / Stufe 3-4** mischen. Mit
Salz & Pfeffer	abschmecken.

Nährwerte je Portion (250 g)

162,4 kcal / **678,4** KJ • **10 g** Fett • **2,48 g** Eiweiß • **14,31 g** KH • **1,19** BE

Sauerrahmdip

1 Handvoll Basilikum	mit
1 kleinen Knoblauchzehe	in den Mixtopf geben und **5 Sekunden / Stufe 5** zerkleinern.
100 g Frischkäse	
200 g Sauerrahm 10% Fett	
Salz, Pfeffer & Ingwer	Restliche Zutaten zugeben und **8 Sekunden / Stufe 4** rühren.

Nährwerte je Portion (100 g)

186,72 kcal / **780,7** KJ • **16,62 g** Fett • **5,7 g** Eiweiß • **3,55 g** KH • **0,3** BE

Paprikadip scharf

1 kg gelbe und rote Paprika	vierteln, Stiel und Kerne entfernen. Mit der Hautseite nach oben unter den heißen Grill legen, bis die Haut Blasen wirft und schwarz wird. Abkühlen lassen, die Haut abziehen.
100 g Zwiebeln	mit
2 Knoblauchzehen	in den Mixtopf geben und **5 Sekunden / Stufe 5** zerkleinern.
30 g Olivenöl	zugeben und **3 Minuten / Garstufe / Stufe 2** andünsten.
1 Chilischote	zugeben.
150 g Tomaten *enthäutete Paprikastücke* *100 g Tomatenmark* *40 g Rohrzucker* *40 g Aceto balsamico* *40 g Roséwein* *30 g Sambal Oelek* *(Rezept auf Seite 89)* *20 g Gemüsebrühepulver*	Restliche Zutaten zugeben und **5 Sekunden / Stufe 4-5** zerkleinern. **15 Minuten / 100°C / Stufe 1** kochen.
	Sofort in heiß ausgespülte Gläser füllen und verschließen.

Nährwerte je Portion (100 g)

60,61 kcal / **254,36** KJ • **2,32 g** Fett • **1,7 g** Eiweiß • **7,34 g** KH • **0,6** BE

Suppen

Sellerie-Orangensuppe

1 Schalotte	schälen, in den Mixtopf geben und **4 Sekunden / Stufe 5** zerkleinern.
10 g Olivenöl	zugeben und **3 Minuten / Garstufe / Stufe 1** dünsten.
1 Möhre	
300 g Kartoffeln	mit
250 g Knollensellerie	in Stücken zugeben. **6 Sekunden / Stufe 5** zerkleinern.
900 g heißes Wasser	und
3 geh. TL Gemüsebrühe (Pulver)	in den Mixtopf zugeben und **25 Minuten / 100°C / Stufe 2** kochen. **12 Sekunden / Stufe 8** pürieren.
200 g Sauerrahm 10%	
Saft 1 Orange	
20 g Butter	
10 g Honig	Alle Zutaten zugeben und nochmals **4 Minuten / 100°C / Stufe 4** erhitzen.
	Mit
Pfeffer & Salz	abschmecken.

Mit Schnittlauch bestreut servieren.

Nährwerte je Portion (250 g)

107,88 kcal / **450,96** KJ • **5,98 g** Fett • **2,73 g** Eiweiß • **10,2 g** KH • **0,85** BE

Erbsensuppe

2 Frühlingszwiebeln	in Stücken in den Mixtopf geben. **5 Sekunden / Stufe 5** zerkleinern. Das Kleingut mit dem Spatel von den Topfwänden nach unten schieben.
20 g Butter	zugeben und **2 Minuten / Garstufe / Stufe 2** erhitzen.
500 g Erbsen, gefroren *150 g Pellkartoffeln*	mit geschälten Kartoffeln in großen Stücken in den Mixtopf geben. **5 Sekunden / Stufe 9** zerkleinern.
700 g heißes Wasser *3 geh. TL Gemüsebrühepulver* *Pfeffer* *200 g Prosecco*	Alle Zutaten zugeben und **20 Minuten / 100°C / Stufe 2** kochen. Dann **30 Sekunden / Stufe 8** pürieren.
150 g Schmand	zugeben und noch **2 Minuten / 100°C / Stufe 2** erhitzen.
Salz & Pfeffer	Mit abschmecken.
6 Scheiben Bacon *2 Scheiben Toast, in Würfel geschnitten*	in dünne Streifen schneiden und in einer beschichteten Pfanne mit dem Toastbrot ohne Fett anrösten.
	Suppe in Teller verteilen, mit einem Klecks Sauerrahm, Bacon und Toastwürfeln garniert sofort servieren!

Nährwerte je Portion (250 g)

225,8 kcal / **944,7** KJ • **12,43 g** Fett • **7,6 g** Eiweiß • **16,44 g** KH • **1,37** BE

Mitternachtssuppe

1 Knoblauchzehe	und
60 g Zwiebeln, halbiert	in den Mixtopf geben. **5 Sekunden / Stufe 5** zerkleinern.
1 rote Paprika	zugeben und **4 Sekunden / Stufe 4-5** zerkleinern.
30 g Olivenöl	zugeben und **3 Minuten / Garstufe / Stufe 1** dünsten.
200 g Hüftsteak	in Streifen schneiden, zugeben. Nochmals **4 Minuten / Garstufe / Stufe 1** dünsten.
250 g Champignons	putzen, in Scheiben schneiden.
600 g heißes Wasser *3 TL Gemüsebrühepulver* *Pfeffer* *100 g Roséwein* *1 TL Cayennepfeffer* *1 kleine Dose Ananas (140 g), in Stücken, abgetropft* *1 Dose Pizzatomaten (400 g)* *50 g Tomatenmark*	Restliche Zutaten in den Topf zugeben. **25 Minuten / 100°C / Linkslauf / Stufe 1** garen. Nochmals abschmecken.
	Mit jeweils
1 EL Sauerrahm	die Suppe servieren!

Nährwerte je Portion (250 g)

137,69 kcal / **576,13** KJ • **6,18 g** Fett • **9,94 g** Eiweiß • **7,85 g** KH • **0,65** BE

Klare Hühnersuppe

1 cm Ingwer	schälen, in den Mixtopf geben. **4 Sekunden / Stufe 8** zerkleinern.
40 g Sellerie *100 g Möhren* *2 Frühlingszwiebeln, in Stücken*	Gemüse putzen, schälen und in Stücken zugeben. **3 Sekunden / Stufe 4-5** zerkleinern.
1,3 Liter heißes Wasser *4 geh. TL Gemüsebrühepulver*	mit zugeben.
200 g Hähnchenbrustfilet	in das Garkörbchen geben. Den Deckel verschließen.
	15 Minuten / Garstufe / Stufe 1 und dann **15 Minuten / 100°C / Stufe 1** kochen.
	Topf aufmachen, das Garkörbchen mit dem Fleisch herausnehmen.
50 g Suppennudeln	in den Mixtopf zugeben und nochmals **8 Minuten / 100°C / Linkslauf / Stufe 1** kochen.
	Das Fleisch fein würfeln und zur Suppe geben.
	Mit Petersilie oder Schnittlauchröllchen bestreuen.

Nährwerte je Portion (250 g)

53,1 kcal / **222,13** KJ • **0,48 g** Fett • **8,31 g** Eiweiß • **3,65 g** KH • **0,3** BE

Kartoffelcremesuppe mit Wienerle

1 Tomate *1 Knoblauchzehe*	halbieren, Stielansatz und mit in den Mixtopf geben. **4 Sekunden / Stufe 8** zerkleinern.
1 EL (10 g) Olivenöl	zugeben und **3 Minuten / Garstufe / Stufe 2** dünsten.
½ Salatgurke (ca. 300 g) *1 große Möhre* *3 Kartoffeln*	Kartoffeln und Gemüse in großen Stücken in den Mixtopf geben. **10 Sekunden / Stufe 7** zerkleinern.
1 Liter heißes Wasser *3 geh. TL Gemüsebrühepulver*	und zugeben.
3 Wienerle	in Scheiben schneiden und in den Garaufsatz legen. Den Topfdeckel schließen und den Garaufsatz aufsetzen. Die Suppe **20 Minuten / 100°C / Stufe 2** garen. Den Garaufsatz zur Seite stellen.
200 g Schlagsahne	durch die Deckelöffnung zugeben und **10 Sekunden / Stufe 10** pürieren. Die Suppe in Tellern mit den Wienerle anrichten!

Nährwerte je Portion (250 g)

197,87 kcal / **829,63** KJ • **15,1 g** Fett • **6,71 g** Eiweiß • **9 g** KH • **0,74** BE

Paprikasüppli mit Cracker

1 kleine Zwiebel	halbiert in den Mixtopf geben. **5 Sekunden / Stufe 5** zerkleinern.
20 g Olivenöl	zugeben und **2 Minuten / Garstufe / Stufe 2** dünsten.
2 Tomaten *Je 1 rote und gelbe Paprika*	halbieren, Stielansatz entfernen. in den Mixtopf geben. Paprika in Stücken zugeben. **5 Sekunden / Stufe 6** zerkleinern.
700 g heißes Wasser *3 geh. TL Gemüsebrühepulver* *Pfeffer* *50 g Tomatenmark* *1 TL Rosenpaprika, Chilipulver*	Wasser mit den Gewürzen und Tomatenmark zugeben. **15 Minuten / 100°C / Stufe 2** kochen.
200 g Frischkäse	zugeben und **2 Minuten / 100°C / Stufe 2** erhitzen.
1 Handvoll Basilikum *Salz & Pfeffer*	zugeben und **15 Sekunden / Stufe 10** pürieren. Mit abschmecken und in hohen Gläsern verteilen.
Jeweils 1 Klecks Sauerrahm	zum Garnieren.

Parmesancracker

1 Knoblauchzehe *1 EL Rosmarinnadeln* *100 g Parmesan, in Stücken*	Alle Zutaten in den Mixtopf geben und **10 Sekunden / Stufe 9** zerkleinern. Jeweils 1 EL der Käsemasse auf ein mit Backpapier ausgelegtes Blech geben, flach drücken. **Backen: Ober- / Unterhitze 200°C ca. 8 Minuten.**

Nährwerte Parmesancracker je Portion 100 g:

433,3 kcal / **1813,8** KJ • **34 g** Fett • **31,5 g** Eiweiß • **1 g** KH • **0,08** BE

Nährwerte je Portion (250 g)

183,5 kcal / **768,7** KJ • **14,8 g** Fett • **5,75 g** Eiweiß • **6,8 g** KH • **0,57** BE

Maiscremesuppe

1 Schalotte	in den Mixtopf geben und **3 Sekunden / Stufe 5** zerkleinern.
20 g Olivenöl	zugeben.
150 g Putenschnitzel *Salz, Pfeffer & Chilipulver*	in Streifen schneiden, mit würzen und zugeben. **3 ½ Minuten / Garstufe / Stufe 1** dünsten. In das Garkörbchen geben.
30 g gewürfelter Speck *1 Dose Mais* *3 TL Gemüsebrühepulver* *1 Liter heißes Wasser*	Alle Zutaten in den Mixtopf geben. Das Körbchen mit dem Putenfleisch einhängen. Topf schließen. **16 Minuten / 100°C / Stufe 2** kochen. Fleisch im Körbchen herausnehmen.
100 g Créme frâiche *30 g Mehl*	und zugeben und **2 ½ Minuten / 100°C / Stufe 5** kochen.
Tabasco	Mit abschmecken und zum Fleisch geben. Sofort servieren!

Nährwerte je Portion (250 g)

180,71 kcal / **755,9** KJ • **13,01 g** Fett • **8,1 g** Eiweiß • **7,64 g** KH • **0,63** BE

Getränke

Erdbeersekt mit Bananenlikör

200 g gefrorene Erdbeeren	
100 g Orangensaft	Alle drei Zutaten in den Mixtopf
40 g Bananenlikör	geben und **5 Sekunden / Stufe 10** pürieren.
1 Flasche roter Sekt	bei laufendem Messer auf **Stufe 6** in den Deckel gießen.
	Sofort servieren!

Nährwerte je Portion (250 g)
189,8 kcal / **792,8** KJ • **0,23 g** Fett • **0,87 g** Eiweiß • **13,67 g** KH • **1,14** BE

Mangosekt

250 g gefrorene Mango	in den Mixtopf geben, **4 Sekunden / Stufe 7** zerkleinern.
200 g Orangensaft	und
30 g Mangolikör (Seite 74)	in den Mixtopf zugeben.
1 Flasche Sekt	bei laufendem Messer **Stufe 6** in den Deckel gießen. Sofort servieren!

Nährwerte je Portion (250 g)
187,8 kcal / **785,5** KJ • **0,3 g** Fett • **0,9 g** Eiweiß • **17,4 g** KH • **1,45** BE

Tequila Sunrise Sekt

(Foto)

200 g Orangensaft	
50 g Tequila	
20 g Grenadinesirup	Alle Zutaten in den Mixtopf geben
½ Palette Eiswürfel	und **5 Sekunden / Stufe 10** mixen.
1 Flasche Sekt	bei laufendem Messer auf **Stufe 6** in den Deckel gießen.
	Gläser mit Orangenscheibe garnieren und sofort servieren!

Nährwerte je Portion (250 g)
177,9 kcal / **743,5** KJ • **0,76 g** Fett • **0,65 g** Eiweiß • **12,39 g** KH • **1,03** BE

Erdbeercaipirinha Sekt

300 g gefrorene Erdbeeren	
Saft von 1 Limette	
50 g Zucker	
50 g Cachaça (Zuckerrohrschnaps)	Alle Zutaten in den Mixtopf geben und **5 Sekunden / Stufe 10** mixen.
1 Flasche Sekt	bei laufendem Messer auf **Stufe 6** in den Deckel gießen.
	Sofort servieren!

Nährwerte je Portion (250 g)

215,8 kcal / **901,77** KJ • **0,51 g** Fett • **0,82 g** Eiweiß • **19,66 g** KH • **1,64** BE

Anislikör

(Foto)

15 g Anis	in den Mixtopf geben. **20 Sekunden / Stufe 10** zerkleinern.
100 g Rohrzucker	zugeben und **10 Sekunden / Stufe 10** pulverisieren.
100 g Doppelkorn	zugeben und **3 Minuten / 90°C / Stufe 1** erhitzen.
400 g Doppelkorn	zugeben und **10 Sekunden / Stufe 3** mischen. Fertig! Zum Servieren durchsieben!

Nährwerte je Portion (250 g)

690,87 kcal / **2890,4** KJ • **0,97 g** Fett • **1,07 g** Eiweiß • **42 g** KH • **3,5** BE

Ananas-Birnen Sekt

20 g Rohrzucker im Mixtopf **10 Sekunden / Stufe 10** pulverisieren.

200 g gefrorene Ananasstücke
1 reife Birne, entkernt, in Stücken Alle Obststücke in den Mixtopf geben. **5 Sekunden / Stufe 9** zerkleinern.

1 Flasche roter Sekt bei laufendem Messer **Stufe 6** in den Deckel gießen.

2 EL Kokosraspeln in einer Pfanne anrösten.

Mit *Zitronensaft* den Rand des Sektglases befeuchten und in die Kokosraspeln drücken. Sekt einfüllen. Sofort servieren!

Nährwerte je Portion (250 g)
203,8 kcal / **851,8** KJ • **1,29 g** Fett • **0,74 g** Eiweiß • **20,1 g** KH • **1,67** BE

Bananen-Kiwi-Drink basenbildend (Foto)

1 Banane
2 Kiwis
Saft von 5 Orangen Alle Zutaten in den Mixtopf geben und **20 Sekunden / Stufe 8** pürieren.

Ergibt 2 große Gläser

Tipp: 10 g Haferflocken zugeben und schon ist das Trinkfrühstück fertig!

Nährwerte je Portion (250 g)
139,46 kcal / **584,24** KJ • **0,63 g** Fett • **2,55 g** Eiweiß • **27,9 g** KH • **2,33** BE

Tomatensaft

(Foto)

300 g Tomaten halbieren, Stielansatz herausschneiden,

5 g Zitronensaft
10 Blätter Basilikum
¼ TL Salz
1 Prise Cayennepfeffer
100 g Orangensaft alle restlichen Zutaten zu den Tomaten in den Mixtopf geben. **10 Sekunden / Stufe 6** zerkleinern.

Abschmecken!

Info:	Tomatensaft ist basenbildend und stärkt das Immunsystem.

Nährwerte je Portion (250 g)

62,9 kcal / **266,5** KJ • **0,62 g** Fett • **2,44 g** Eiweiß • **10,65 g** KH • **0,89** BE

Mangolikör

2 Eier
100 g Sahne
2 Pck. Vanillezucker in den Mixtopf geben, **5 Sekunden / Stufe 7** mischen. **4 Minuten / 80°C / Stufe 3** erhitzen.

500 g Maracuja-Mangosaft
150 g Doppelkorn Restliche Zutaten zugeben und **20 Sekunden / Stufe 4** verrühren.

Nährwerte je Portion (250 g)

322,4 kcal / **1352,35** KJ • **12,3 g** Fett • **5,19 g** Eiweiß • **21,4 g** KH • **1,79** BE

Avocadolikör

100 g Rohrzucker	und
1 Pck. Bourbon-Vanillezucker	in den Mixtopf geben und **15 Sekunden / Stufe 10** pulverisieren.
1 reife Avocado *Saft 1 Zitrone*	Fruchtfleisch und Zitronensaft zugeben. **5 Sekunden / Stufe 5** zerkleinern.
120 g Sahne *150 g Doppelkorn* *100 g Rum*	Restliche Zutaten zugeben und **30 Sekunden / Stufe 5** vermischen. Im Kühlschrank lagern!

Nährwerte je Portion (250 g)

655,1 kcal / **2743,2** KJ • **24,17 g** Fett • **2,1 g** Eiweiß • **45,7 g** KH • **3,8** BE

Hauptgerichte

Spaghetti mit Scampi

40 g Parmesan	in den Mixtopf geben. **8 Sekunden / Stufe 10** zerkleinern. Umfüllen.
1 Handvoll Petersilie	entstielen und in den Mixtopf geben, **5 Sekunden / Stufe 6** zerkleinern.
1 Knoblauchzehe	in den Mixtopf geben und **5 Sekunden / Stufe 5** zerkleinern.
2 Tomaten	halbiert zugeben. **4 Sekunden / Stufe 6** zerkleinern.
10 g Olivenöl	zugeben und **3 Minuten / Garstufe / Stufe 1** dünsten.
250 g aufgetaute Scampi oder Garnelen	mit
Salz & Chilipulver	würzen und zugeben.
	4 ½ Minuten / Garstufe / Linkslauf / Stufe 1 erhitzen. Umfüllen.
400 g heißes Wasser *200 g Crème fraîche* *2 TL Gemüsebrühepulver* *40 g Sojasoße* *Saft ½ Zitrone* *je ½ TL Ingwer und Chilipulver*	Alle Zutaten in den Mixtopf geben. **5 Minuten / Garstufe / Stufe 1** erhitzen.
380 g Spaghetti	durch die Deckelöffnung zugeben und **11 Minuten / 100°C / Linkslauf / Stufe 1** garen.
Scampi-Tomatenmischung	zugeben, mit dem Spatel verrühren und **2 Minuten / Linkslauf / 100°C / Stufe 1** mischen.
	Mit
Salz & Chiligewürz	würzen und in eine Servierschüssel umfüllen.
	Mit Petersilie und Parmesan bestreuen und sofort servieren!

Nährwerte je Portion (250 g)

391,9 kcal / **1641,5** KJ • **15,3 g** Fett • **19,9 g** Eiweiß • **42,8 g** KH • **3,57** BE

Fischtopf scharf

500 g heißes Wasser	mit
2 TL Gemüsebrühepulver	in den Mixtopf geben.
400 g Kartoffeln	schälen, vierteln und in das Garkörbchen geben. In den Mixtopf einhängen.
400 g Fischfilet	würfeln, in den Garaufsatz geben und auf den Topfdeckel setzen.
	Mit
20 g Aceto balsamico	
Salz & Pfeffer	säuern und würzen.
200 g Champignons	in Scheiben schneiden und zu dem Fisch geben.
100 g Möhren	schälen, in Scheiben schneiden und zugeben.
2 Frühlingszwiebeln	in Röllchen schneiden und darübergeben.
150 g scharfer Paprikadip (Rezept auf Seite 54)	darüber verteilen, alles leicht vermischen. Den Garaufsatz mit dem Deckel verschließen und **30 Minuten / Garstufe / Stufe 2** garen.
Kochbrühe	im Mixtopf lassen. Die Kartoffeln und den Fisch mit dem Gemüse zusammen in einer Schüssel warm stellen.

Soße:

20 g Weizenmehl Type 405	
200 g Sauerrahm 20% Fett	
Salz & Pfeffer	Alle Zutaten für die Soße zu der restlichen Brühe geben. **3 Minuten / 100°C / Stufe 4** erhitzen. Abschmecken. Nach Belieben die Soße unter den Eintopf mischen oder separat servieren.

Nährwerte je Portion (250 g)

164,1 kcal / **688,1** KJ • **6,58 g** Fett • **13,46 g** Eiweiß • **12,05 g** KH • **0,99** BE

Gefülltes Schweinefilet

Basilikumbutter:

1 Bund Basilikum	und
1 Knoblauchzehe	in den Mixtopf geben und **5 Sekunden / Stufe 5** zerkleinern.
20 g getr. eingelegte Tomaten	
Saft ½ Zitrone	
½ TL Salz, Pfeffer	Restliche Zutaten zugeben und
250 g Butter	**10 Sekunden / Stufe 6** mischen.
600 g Schweinefilet	mit
Cayennepfeffer & Salz	würzen.
	Das Fleisch in einer Pfanne mit
Öl , 2 Knoblauchzehen, längs halbiert	von allen Seiten scharf anbraten. Herausnehmen, in das Filet eine Tasche einschneiden und mit der Hälfte der Butter füllen. In den Garaufsatz-Einlegeboden legen.
400 g grüne Bohnen	putzen, Enden abschneiden und in den Garaufsatz geben. Mehrere Flöckchen von der Basilikumbutter darüber verteilen. Den Einlegeboden mit dem Filet in den Garaufsatz einsetzen.
400 g heißes Wasser	
100 g Roséwein	in den Mixtopf geben und den Topf
2 TL Gemüsebrühepulver	verschließen. Garaufsatz aufsetzen und **25 Minuten / Garstufe / Stufe 2** garen.

Soße:

Die Kochbrühe	im Topf lassen.
100 g Schlagrahm	
20 g Mehl	Alle Zutaten für die Soße zugeben.
Saft ½ Zitrone	**2 Minuten / 100°C / Stufe 4** einko-
Salz & Pfeffer	chen, abschmecken.

Schmeckt gut mit Backofenpuffer!

Nährwerte je Portion (250 g)

305,9 kcal / **1280,8** KJ • **21,22 g** Fett • **21,57 g** Eiweiß • **4,65 g** KH • **0,37** BE

Spargelmöhrentopf mit Hähnchen (Foto)

300 g grüner Spargel	holzige Enden abschneiden, in mundgerechte Stücke schneiden.
200 g Möhren	schälen, in Stifte schneiden.
20 g Butter	in den Mixtopf geben und **2 Minuten / Garstufe / Stufe 1** erhitzen.
10 g Rohrzucker *5 g Apfelessig* *2 TL Gemüsebrühepulver*	Restliche Zutaten sowie Möhren und Spargel zu Butter geben. **5 Minuten / Garstufe / Stufe 1** erhitzen. Umfüllen.
500 g Hähnchenbrustfilet *Salz & Pfeffer* *Cayennepfeffer, Ingwer*	Das Fleisch würfeln, kräftig würzen und in den Garaufsatz geben. Den Garaufsatz auf den Mixtopf stellen (ohne Deckel) und das gedünstete Gemüse über dem Fleisch verteilen. Den Gemüsesud in den Mixtopf tropfen lassen.
1 Liter heißes Wasser *2 TL Gemüsebrühepulver* *1 TL Kurkuma*	in den Mixtopf geben. Das Garkörbchen einhängen.
200 g Reis	in das Garkörbchen füllen. Den Deckel schließen. Garaufsatz aufsetzen. **30 Minuten / Garstufe / Stufe 2** garen.

Soße:

Kochbrühe	im Mixtopf lassen.
150 g Sauerrahm 10% *Salz & Pfeffer* *20 g Mehl*	Restliche Zutaten zugeben und **2 Minuten / 100°C / Stufe 4** einkochen. Abschmecken!

Nährwerte je Portion (250 g)

184,2 kcal / **771,22** KJ • **4 g** Fett • **16,26 g** Eiweiß • **20,17 g** KH • **1,68** BE

Makkaroni an Limettensoße

60 g Parmesan	in Stücken in den Mixtopf geben und **8 Sekunden / Stufe 10** zerkleinern. Umfüllen!
4 Frühlingszwiebeln	in Stücken in den Mixtopf geben. **5 Sekunden / Stufe 5** zerkleinern.
20 g Butter	zugeben und **3 Minuten / Garstufe / Stufe 1** dünsten.
40 g Marsala *300 g Sauerrahm 10% Fett* *400 g heißes Wasser* *Saft und Schale 1 unbeh. Limette* *Salz, Pfeffer & Chiligewürz*	Alle Zutaten zugeben und **5 Minuten / 100°C / Stufe 1** erhitzen.
400 g Makkaroni	zugeben und **10 Minuten / 100°C / Linkslauf / Stufe 1** garen.
	Abschmecken! Mit Parmesan bestreuen und servieren.

Nährwerte je Portion (250 g)

411,8 kcal / **1725,13** KJ • **14,8 g** Fett • **14,9 g** Eiweiß • **53,63 g** KH • **4,47** BE

Pizza mit verstecktem Käse

125 g Mozzarella, light (125 g) — **5 Sekunden / Stufe 5** zerkleinern. Umfüllen.

200 g pikanter Käse, light — in Stücken in den Mixtopf geben und **6 Sekunden / Stufe 6** zerkleinern. Umfüllen.

Teig:

370 g Mehl Type 1050
30 g frische Hefe
2 TL Backpulver
1 TL Meersalz
220 g warmes Wasser
20 g Olivenöl

Zutaten für den Teig in den Mixtopf geben und **2 Minuten / Knetstufe** kneten.

Teig auf die Blechgröße ausrollen und auf ein mit Öl bestrichenes Backblech legen. Am Rand entlang mit pikantem Käse belegen. Den Rand umklappen, sodass man den Käse nicht mehr sieht.

Tomatensoße:

1 Knoblauchzehe — in den Mixtopf geben und **5 Sekunden / Stufe 5** zerkleinern.

1 Dose geschälte Tomaten (400 g)
30 g Tomatenmark
Salz, Pfeffer & Pizzakräuter

Restliche Zutaten zugeben und **8 Sekunden / Stufe 7** mischen. Tomatensoße auf den Teig verstreichen.

Rest von zerkleinertem Käse — über die Tomatensoße verteilen.

Nach Belieben mit

1 roten Paprika
5 grünen Peperoni

beides in Streifen geschnitten, belegen.

Nährwerte je Portion (250 g)

355,66 kcal / **1488,7** KJ • **8,7 g** Fett • **24,1 g** Eiweiß • **43,8 g** KH • **3,63** BE

Backen: im vorgeheizten Backofen bei 250°C Ober- / Unterhitze ca. 15-20 Minuten.

Dip zur Pizza:

200 g Sauerrahm 10% Fett
1 Handvoll Basilikum
20 g Ketchup
Cayennepfeffer
Knoblauchpulver
½ TL Meersalz
10 g Senf
10 g Olivenöl
10 g Aceto balsamico

Alle Zutaten in den Mixtopf geben und **12 Sekunden / Stufe 7** vermischen.

Zur Pizza reichen.

Nährwerte je Portion (100 g)
143,5 kcal / **599,6** KJ • **11,8 g** Fett • **2,9 g** Eiweiß • **5,9 g** KH • **0,5** BE

Couscoussalat

(Foto)

300 g Orangensaft *200 g heißes Wasser* *20 g Aceto balsamico* *2 geh. TL Gemüsebrühpulver* *2 TL Sambal Oelek* *(Rezept auf Seite 89)*	Alle Zutaten für die Soße in den Mixtopf geben. **4 Minuten / Garstufe / Stufe 1** erhitzen.
220 g Couscous	zugeben und **5 Sekunden / Stufe 4** mischen. 10 Minuten quellen lassen. Auf einem Backblech verteilen. Abkühlen lassen.
250 g Kirschtomaten	vierteln und in eine Salatschüssel geben.
50 g Gurke	halbieren und in Scheiben schneiden. Zugeben.
1 grüne Paprika	in Stücken in den Mixtopf geben.
100 g Gurke *30 g Apfelessig* *Salz & Pfeffer* *20 g Olivenöl*	in Stücken mit den restlichen Zutaten zugeben. **5 Sekunden / Stufe 4-5** zerkleinern. Alle Zutaten - auch das abgekühlte Couscous - in die Schüssel geben, vermischen und abschmecken.
	Wer es scharf liebt, mit Sambal Oelek nachwürzen.

Nährwerte je Portion (250 g)

136,61 kcal / **572,63** KJ • **7,46 g** Fett • **2,61 g** Eiweiß • **13,65 g** KH • **0,73** BE

Sambal Oelek

1 Knoblauchzehe	in den Mixtopf geben und **5 Sekunden / Stufe 5** zerkleinern.
250 g Tomaten	halbieren, Stielansatz herausschneiden, zugeben und **5 Sekunden / Stufe 8** zerkleinern.
10 g Olivenöl	zugeben.
10 Peperoni, scharf *10 g brauner Zucker* *70 g heißes Wasser* *10 g Weinessig* *50 g Tomatenmark* *½ TL Salz*	Restliche Zutaten zugeben und **15 Minuten / 100°C / Stufe 2** kochen. **20 Sekunden / Stufe 10** pürieren.
	Sambal Oelek ist ca. 3 Wochen haltbar. Im Kühlschrank lagern.

Nährwerte je Portion (100 g)

67,7 kcal / **284,56** KJ • **3,32 g** Fett • **1,82 g** Eiweiß • **7,35 g** KH • **0,61** BE

Ofengericht

Schnittlauchbutter:

1 Bund Schnittlauch	in 2 cm Röllchen schneiden und in den Mixtopf geben.
Saft 1 Zitrone *½ TL Salz* *5 g Senf* *250 g Butter*	Restliche Zutaten zugeben und **10 Sekunden / Stufe 6** mischen.
1 kg Putenbrustbraten	kurz abspülen, trockentupfen.
	Mit
Salz, Pfeffer & Rosenpaprika	das Fleisch gut würzen. In eine tiefe Fettpfanne legen. (Fettpfanne = ein tiefes Backblech)
8 Kartoffeln	schälen, halbieren und um das Fleisch verteilen.
Schnittlauchbutter	Die Hälfte der Butter in Flöckchen über dem Fleisch und den Kartoffelhälften verteilen.
1 Liter Wasser	mit
3 TL Gemüsebrühepulver	in die Fettpfanne geben.
	Im Backofen ½ Stunde 200°C Ober- / Unterhitze garen.
	Dann das Blech mit verschiedenem Gemüse wie Champignons, Brokkoli, Kirschtomaten, grüne Bohnen, Mais (je nach Geschmack) füllen. Mit
Gemüsebrühepulver, Pfeffer	würzen.
	Nochmals ½ Stunde 200°C Ober- / Unterhitze garen.
	Dann
Brühe	in den Mixtopf abgießen.
200 g saure Sahne	und
30 g Dinkelmehl, Type 1050	zugeben und **3 Minuten / 100°C / Stufe 4** kochen.

Nährwerte je Portion (250 g)

209,1 kcal / **876,7** KJ • **7,9 g** Fett • **17,9 g** Eiweiß • **15,9 g** KH • **1,32** BE

	Mit
Salz & Pfeffer	abschmecken.
	In der Zwischenzeit den Braten aufschneiden und alles sofort servieren!

Spaghetti mit scharfer Tomatensoße

Je 1 Handvoll Petersilie und Basilikum	in den Mixtopf geben. **5 Sekunden / Stufe 7** zerkleinern. Umfüllen.
50 g Parmesan	in Stücken in den Mixtopf geben und **10 Sekunden / Stufe 10** zerkleinern. Umfüllen.
1 Knoblauchzehe	und
1 scharfe Peperoni	in den Mixtopf geben. **5 Sekunden / Stufe 5** zerkleinern.
100 g Zwiebel	und
60 g Möhren	in Stücken zugeben und **5 Sekunden / Stufe 5** zerkleinern.
20 g Olivenöl	zugeben und **3 Minuten / Garstufe / Stufe 1** dünsten.
1 Dose Tomaten (400 g)	
3 geh.TL Gemüsebrühepulver	und
50 g Tomatenmark	zugeben. **10 Minuten / 100°C / Stufe 2** kochen. Dann **10 Sekunden / Stufe 8** pürieren.
300 g Hähnchenbrustfilet	in Streifen schneiden und mit
400 g heißem Wasser	zugeben. **5 Minuten / 100°C / Linkslauf / Stufe 1** erhitzen.
370 g Spaghetti	durch die Deckelöffnung zugeben und **13 Minuten / 100°C / Linkslauf / Stufe 1** kochen.
	Mit
Salz & Pfeffer	abschmecken!
	Mit Kräutern und Parmesan bestreut sofort anrichten!

Nährwerte je Portion (250 g)

308,8 kcal / **1293,6** KJ • **7,31 g** Fett • **20,84 g** Eiweiß • **39,12 g** KH • **3,26** BE

Gefüllte Putenschnitzel

Füllung:

1 Handvoll Basilikum *50 g Mohrrüben, in Stücken* *2 Lauchzwiebeln, in Stücken* *5 getrocknete eingel. Tomaten* *1 Mozzarella (125 g)*	Alle Zutaten in den Mixtopf geben und **5 Sekunden / Stufe 5** zerkleinern.
800 g Putenbraten	vom Metzger doppelte dünne Schnitzel schneiden lassen oder vom Braten selbst zuschneiden.
Salz, Pfeffer, Rosenpaprika	Außen und innen würzen. Die Schnitzel mit der Masse füllen.
Öl	Die gefüllten Schnitzel mit von außen einreiben.
	Die Schnitzel in einer Auflaufform verteilen und mit den Puffern auf mittlerer Schiene mitbacken.
	Mit Backofenpuffer und Sauerrahmdip (Seite 52) servieren.

Nährwerte je Portion (250 g)

317,02 kcal / **1328,6** KJ • **8,94 g** Fett • **55,4 g** Eiweiß • **2,9 g** KH • **0,18** BE

Backofenpuffer

50 g Zwiebeln *600 g mehlige Kartoffeln, in Stücken* *1 Knoblauchzehe* *1 Ei* *100 g mittelalter Gouda, in Stücken* *40 g Mehl* *1 TL Gemüsebrühepulver* *½ TL Salz, Pfeffer*	Alle Zutaten in den Mixtopf geben und **6 Sekunden / Stufe 5** zerkleinern.

Aus dem Teig Kugeln formen, auf ein mit Backpapier belegtes Backblech legen und flach drücken.

Auf unterster Schiene mit Umluft bei 180°C 30 Minuten backen.

Gleichzeitig das vorbereitete Fleisch auf mittlerer Schiene mitgaren.

Nährwerte je Portion (250 g)
305,7 kcal / **1281** KJ • **11 g** Fett • **15 g** Eiweiß • **35,4 g** KH • **2,94** BE

Amerikanischer Topf

6 Schweinenackensteaks oder Putenschnitzel in eine Auflaufform geben.

10 Kartoffeln schälen, halbieren und um das Fleisch verteilen.

Soße 1:

1 Knoblauchzehe und
1 Zwiebel in den Mixtopf geben. **5 Sekunden / Stufe 5** zerkleinern.

50 g Butter
Saft 1 Zitrone
15 g brauner Zucker und
1 TL Salz zugeben. **3 Minuten / 80°C / Stufe 1** erhitzen. Dann **5 Sekunden / Stufe 3** mischen. Die Soße unter und über den Steaks verteilen.

Soße 2:

150 g Ketchup
20 g Olivenöl
20 g Senf
Je 1 TL Salz, Pfeffer & Rosenpaprika
10 g rote Pfeffersoße
150 g heißes Wasser Alle Zutaten in den Mixtopf geben und **8 Sekunden / Stufe 5** vermischen. Über der ersten Soße verteilen.

Im Backofen bei 200°C Ober- / Unterhitze 30 Minuten backen.

200 g grüne Bohnen und
1 Dose Mais zugeben und nochmals **30 Minuten im Backofen bei 200°C** backen.

Nährwerte je Portion (250 g)
274,2 kcal / **1146,4** KJ • **10 g** Fett • **16 g** Eiweiß • **28,6 g** KH • **2,38** BE

Schweinefilet im Senfrahm

1 Schweinefilet	mit
Salz, Pfeffer & Rosenpaprika	würzen und in eine Auflaufform legen.
10 Kartoffeln	schälen, halbieren und um das Fleisch verteilen.
180 g Zwiebeln	schälen, halbieren und in den Mixtopf geben. **5 Sekunden / Stufe 5** zerkleinern.
50 g Katenschinken, gewürfelt	mit
10 g Sonnenblumenöl	zugeben. **3 Minuten / Garstufe / Stufe 1** dünsten.
250 g Champignons	putzen, in Scheiben schneiden, in den Mixtopf zugeben.
	3 Minuten / Garstufe / Linkslauf / Stufe 1 erhitzen.

Soße:

400 g Schlagsahne	
2 TL Gemüsebrühepulver	
Pfeffer	
5 g Senf	
2 Prisen Muskat	Sahne mit den Gewürzen zugeben.
1 TL Salz	**5 Minuten / 100°C / Stufe 1** kochen.
	Die Soße über dem Filet verteilen.
	Im Backofen **bei 190°C Ober- / Unterhitze ca. 60 Minuten** backen.

Nährwerte je Portion (250 g)

249,4 kcal / **1045,2** KJ • **10,9 g** Fett • **12,65 g** Eiweiß • **24,4 g** KH • **2** BE

Schneller Reistopf

400 g heißes Wasser *3 TL Gemüsebrühepulver* *1 Dose geschälte Tomaten (400 g)*	in den Mixtopf geben. Den Deckel schließen und Garaufsatz auf den Topf setzen.
200 g Reis	für ca. 10 Minuten in Wasser legen, aufquellen lassen. Wasser absieben und im Garaufsatz verteilen.
400 g Putengulasch	mit
Meersalz & Pfeffer	würzen, über dem Reis verteilen.
1 rote Paprika	in Streifen schneiden, über das Fleisch geben.
250 ml (2 ½ MB) Quittenchutney (Rezept auf Seite 50)	darüber verteilen.
1 Mozzarella (125 g)	in Scheiben schneiden und darüberlegen. Mit
Meersalz & Pfeffer	würzen. **35 Minuten / Garstufe / Stufe 2** garen.

Soße:

Kochbrühe	für die Soße im Mixtopf lassen.
1 TL Cayennepfeffer *25 g Mehl*	Pfeffer und Mehl zugeben und **1 Minute / 100°C / Stufe 4** rühren.

Nährwerte je Portion (250 g)

242,5 kcal / **1016,77** KJ • **4,24 g** Fett • **19,15 g** Eiweiß • **25,26 g** KH • **2,07** BE

Gefüllte Rosmarinschnitzel

800 g Hähnchen-Minutenschnitzel	Außen und innen mit
Pfeffer & Rosenpaprika, Meersalz	würzen und salzen.
½ TL getrockneter Rosmarin *50 g Mohrrüben, in Stücken* *40 g Brokkoli, in Stücken* *1 Tomate, halbiert* *100 g mittelalter Gouda, in Stücken*	Alle Zutaten für die Füllung in den Mixtopf geben und **8 Sekunden / Stufe 5** zerkleinern. Die Schnitzel mit der Füllung bestreichen.
8 frische Zweige Rosmarin (5 cm lang)	hineinlegen, aufwickeln und mit Zahnstocher fixieren.
Öl	Die gefüllten Schnitzel außen mit einreiben und kurz in einer beschichteten Pfanne anbraten.
Orangensaft	In dem Garaufsatz verteilen. Bratenansatz kurz mit etwas ablöschen und in den Mixtopf geben.
200 g Reis	in das Garkörbchen geben.
100 g Kirschtomaten	würfeln und zum Reis geben. Vermischen.
100 g Brokkolistiel	mit
100 g Mohrrüben	in Scheiben schneiden. In den Garaufsatz geben.
400 g Orangensaft *450 g heißes Wasser* *3 TL Hühnerbrühe (Pulver)* *½ TL Pfeffer* *20 g Balsamicocreme*	Alle Zutaten in den Mixtopf geben. Das Garkörbchen einsetzen, Topf verschließen, Garaufsatz aufsetzen und **30 Minuten / Garstufe / Stufe 2** dampfgaren.
	Alles warmhalten.

Mit Soße weiter auf Seite 102.

Nährwerte je Portion (250 g)

280,42 kcal / **1174,55** KJ • **10,4 g** Fett • **24,4 g** Eiweiß • **21,44 g** KH • **1,7** BE

Soße:

Kochbrühe im Mixtopf für die Soße belassen.

20 g Mehl
200 g Créme fraîche
1 TL Gemüsebrühepulver
¼ TL Cayennepfeffer

Die Zutaten für die Soße zu der Brühe in den Mixtopf geben. **3 Minuten / 100°C / Stufe 4** erhitzen. Abschmecken!

Chili con carne

2 Knoblauchzehen
150 g Zwiebeln
1 Chilischote
2 Frühlingszwiebeln, in Stücken

Das Gemüse in den Mixtopf geben und **5 Sekunden / Stufe 5** zerkleinern.

300 g Hüftsteak in 1 cm große Würfel schneiden, zugeben.

30 g Olivenöl zugeben und **5 Minuten / Garstufe / Stufe 1** dünsten.

1 Dose Pizzatomaten (400 g)
300 g heißes Wasser
1 TL Salz, Pfeffer
¼ TL Kreuzkümmelpulver
1 TL Rosenpaprika, Tabasco
10 g Akazienhonig

Restliche Zutaten zugeben und alles **25 Minuten / 100°C / Linkslauf / Stufe 1** garen.

1 Dose Kidneybohnen, abgetropft (265 g Abtropfgewicht) zugeben und nochmals **10 Minuten / 100°C / Linkslauf / Stufe 1** garen. Nochmals abschmecken.

Mit Fladenbrot oder Reis gemischt mit Mais servieren!

Nährwerte je Portion (250 g)

170,85 kcal / **715,4** KJ • **8,47 g** Fett • **14,21 g** Eiweiß • **9,19 g** KH • **0,76** BE

Dessert

Rosenbutter

(Foto)

50 g Rohrzucker
Mark 1 Vanilleschote – Zucker mit der ausgeschabten Vanille in den Mixtopf geben und **10 Sekunden / Stufe 10** zerkleinern.

250 g Butter
25 g Zitronensaft
80 g frische ungespritzte Rosenblüten – Restliche Zutaten zugeben und 10 Sekunden / Stufe 7 vermischen.

Passt zu Butterzopf oder sieht auf einer Sommertorte als Buttercreme super aus!

Früchte auf weißer Schokoladencreme

200 g Sahne – in den kalten Mixtopf geben und auf **Stufe 10** steif schlagen. Umfüllen. Mixtopf säubern.

100 g weiße Crispschokolade – in Stücken in den Mixtopf geben. **5 Sekunden / Stufe 9** zerkleinern.

150 g Magerquark
250 g Mascarpone und
zerkleinerte Schokolade zugeben und **20 Sekunden / Stufe 3** vermischen.

150 g Joghurt, natur 3,5% Fett – zugeben und mit dem Spatel unterheben. Umfüllen!

Geschlagene Sahne
300 g gefrorene Erdbeeren und
50 g Cassislikör
30 g Rohrzucker – zugeben und **5 Sekunden / Stufe 10** zerkleinern. Umfüllen.

Zuerst die weiße Creme, dann das Früchtepüree und wieder Creme in Dessertschalen schichten.
Kaltstellen.
Mit *frischen Erdbeeren* garnieren und sofort servieren!

Nährwerte je Portion (100 g)
204,4 kcal / **851,4** KJ • **14,66 g** Fett • **4,1 g** Eiweiß • **12 g** KH • **0,95** BE

Kirschbecher

1 Glas Sauerkirschen (Abtropfgewicht 350 g)	im Garkörbchen abtropfen lassen.
250 g Cremefine zum Schlagen	und
20 g Rohrzucker	in den Mixtopf geben und **5 Sekunden / Stufe 6** rühren.
50 g Avocadolikör (Rezept auf Seite 76) oder Eierlikör	zugeben und **20 Sekunden / Stufe 6** schlagen. Mit dem Spatel alles von den Topfwänden nach unten schieben und nochmals **40 Sekunden / Stufe 4** rühren.
	Die abgetropften Kirschen in Dessertgläser verteilen und die Likörcreme darübergeben.
Dunkle Schokoladenglasur	in heißem Wasser nach Anleitung auflösen und die Creme mit der Glasur dekorieren.

Tipp: Dazu passt sehr gut zerkleinerter Baiser. Im Sommer backe ich eigene Baisers von dem vielen Eiweiß, das in der Spargelsaison beim Kochen der Hollandaise übrig bleibt. Diese luftdicht aufbewahren.

Nährwerte je Portion (100 g)

133,45 kcal / **554,52** KJ • **6,25 g** Fett • **1,16 g** Eiweiß • **13,88 g** KH • **1,04** BE

Caipirinha Creme

(8-9 Portionen)

400 g kalte Sahne	in den kalten Mixtopf geben und ca. **10 Sekunden / Stufe 10** rühren, bis die Sahne fest ist. Umfüllen und kaltstellen.
4 Eier *Schale von 1 Limette* *200 g Rohrzucker* *100 g Cachaça (Zuckerrohrschnaps)*	Alle Zutaten in den Mixtopf geben. Rühraufsatz einsetzen und **8 Minuten / 70°C / Stufe 3** schlagen.
4 Limetten	auspressen,
250 g Vollmilchjoghurt *250 g Frischkäse*	und
5 TL Johannisbrotkernmehl	zugeben. **10 Sekunden / Stufe 3** unterrühren.
Geschlagene Sahne	vorsichtig von Hand unterheben. In eine Servierschüssel umfüllen.
1 Limette	zum Garnieren in Scheiben schneiden. Eventuell etwas geriebene Limettenschale über die Creme geben. Mindestens 1 Stunde kaltstellen.

Info: Johannisbrotkernmehl ist ein geschmacksneutrales Bindemittel, das sowohl in kalte als auch in warme Speisen eingerührt werden kann. Man findet es im Reformhaus oder Naturkostladen.

Nährwerte je Portion (100 g)

204,31 kcal / **855,34** KJ • **12,78 g** Fett • **4,93 g** Eiweiß • **13,47 g** KH • **1,12** BE

Joghurtmousse mit Fruchtsoße

300 g Erdbeeren	
1 Banane, in Stücken	Früchte in den Mixtopf geben.
1 Apfel, entkernt	**8 Sekunden / Stufe 5** pürieren. Verschließbare Gläser zu einem Drittel mit dem Früchtemus füllen.
200 g Cremefine	
zum Schlagen	mit
50 g Rohrzucker	in den Mixtopf geben und **30 Sekunden / Stufe 6** rühren.
500 g Joghurt, fettarm	
30 g Zitronensaft	
1 Pck. Bourbon-Vanillezucker	Die restlichen Zutaten in den
3 TL Johannisbrotkernmehl	Mixtopf geben und **20 Sekunden / Stufe 6** mischen.
	Die Mousse über dem Früchtepüree verteilen und mindestens 1 Stunde kaltstellen.

Tipp: Eine wunderbare Alternative zum gekauften Fruchtjoghurt! Im Kühlschrank aufbewahren.

Nehmen Sie verschiedene Früchte der Jahreszeit!

Nährwerte je Portion (100 g)

77 kcal / **320,2** KJ • **2,47 g** Fett • **2,27 g** Eiweiß • **10,66 g** KH • **0,84** BE

Sauerkirschsorbet auf Schokocreme

200 g Zartbitterschokolade	in Stücken in den Mixtopf geben und **6 Sekunden / Stufe 8** zerkleinern. Die Schokostücken mit dem Spatel von den Wänden nach unten schieben.
100 g Schlagsahne	zugeben und **2 ½ Minuten / 50°C / Stufe 2** erwärmen.
300 g Schlagsahne	zugeben und **10 Sekunden / Stufe 4** mischen. **20 Minuten** in den Gefrierschrank stellen.
	Dann wieder in den Mixtopf geben und ca. **8 Sekunden / Stufe 10** rühren, bis eine schöne Creme entstanden ist. Nochmals eine halbe Stunde kaltstellen.
300 g gefrorene Schattenmorellen	in den Mixtopf geben, **5 Sekunden / Stufe 9** pürieren.
10 g Kirschwasser *60 g Schlagsahne* *40 g Zucker*	zur Fruchtmasse zugeben und **5 Sekunden / Stufe 6** vermischen.
	Von der Schokocreme Nocken abstechen.
	Die Nocken mit einer Eiskugel von dem Kirschsorbet sofort servieren!

Nährwerte je Portion (100 g)

265,64 kcal / **1113** KJ • **20,26 g** Fett • **2,8 g** Eiweiß • **17,5 g** KH • **1,46** BE

Knusperquark

100 g Meringuen	in Stücken in den Mixtopf geben und **6 Sekunden / Stufe 4** zerkleinern. Umfüllen.
30 g Rohrzucker	in den Mixtopf geben und **10 Sekunden / Stufe 10** pulverisieren. Umfüllen. Rühraufsatz aufsetzen!
150 g Sahne 10% Fett oder Cremefine zum Schlagen	Sahne auf **Stufe 3** steif schlagen. Rühraufsatz entfernen!
350 g Magerquark	mit dem hergestellten Puderzucker und
150 g Joghurt, fettarm	in den Mixtopf geben. **10 Sekunden / Stufe 4** vermischen.
200 g gefr. Himbeeren	mit den Meringuenstücken zugeben. **45 Sekunden / Knetstufe** vermischen. Die Masse sollte nicht gleichmäßig vermischt aussehen. Es sieht für das Auge schöner aus. Sofort servieren!

Nährwerte je Portion (100 g)

125,6 kcal / **525,1** KJ • **3,97 g** Fett • **6,45 g** Eiweiß • **15,2 g** KH • **1,21** BE

Sektdessert mit Mango

200 g Schlagsahne	in den kalten Mixtopf geben und auf **Stufe 10** steif schlagen. Umfüllen.
1 Dose Mango, mit Saft (425 g)	Eine Mangohälfte zum Dekorieren beiseitelegen. Rest in Stücken (incl. Saft) in den Mixtopf geben. **5 Sekunden / Stufe 7** pürieren.
1 Piccolo Sekt *20 g Rohrzucker* *1 Pck. Vanillepuddingpulver*	Rühraufsatz einsetzen! Sekt, Zucker und Puddingpulver zugeben und **8 Minuten / 90°C / Stufe 3** kochen. In eine Schüssel umfüllen und abkühlen lassen.
Geschlagene Sahne	zugeben und mit einem Spatel unterheben. In Dessertgläser verteilen.
1 Mangohälfte	in dünne Scheiben als Fächer schneiden und mit ihnen die Schälchen dekorieren. Kalt servieren!

Nährwerte je Portion (100 g)

150,6 kcal / **631,5** KJ • **7 g** Fett • **0,78 g** Eiweiß • **17,54 g** KH • **1,46** BE

3-Früchtepüree mit Nocken

1/8 Liter (125 ml) Milch	mit
Mark ½ Vanilleschote	und mit der ausgehöhlten Vanilleschote in einem kleinen Topf zum Kochen bringen.
2 Eiweiß	mit
1 Prise Salz	und
20 g Rohrzucker	in den Mixtopf geben. Rühraufsatz einsetzen!
	4 ½ Minuten / 37°C / Stufe 3 zu Schnee schlagen. Mit 2 Teelöffeln Nocken abstechen und in der heißen Milch 2 Minuten ziehen lassen. Nicht kochen! Auf einem Sieb abkühlen lassen.
150 g Erdbeeren	kurz waschen, in den Mixtopf geben.
10 g Akazienhonig	mit
5 g Zitronensaft	zugeben und **8 Sekunden / Stufe 5** pürieren. Umfüllen.
200 g reife Kiwi	schälen, in den Mixtopf geben. **8 Sekunden / Stufe 6** zerkleinern. Umfüllen.
150 g Mango	entsteinen, in den Mixtopf geben. **10 Sekunden / Stufe 6** pürieren. Umfüllen. Die drei Soßen nebeneinander auf einem Dessertteller platzieren. Mit einem Stäbchen ein Muster durch die Soßen ziehen. Die Nocken in die Mitte setzen.
	Mit
Pistazien	und
Puderzucker	bestreuen.

Nährwerte je Portion (100 g)

67,06 kcal / **280,8** KJ • **0,96 g** Fett • **2,26 g** Eiweiß • **11,38 g** KH • **0,95** BE

Weihnachten & Geschenke

Quarkstollen gefüllt

	Rühraufsatz einsetzen!
2 Eiweiß	in den Mixtopf geben und **3 Minuten / 37°C / Stufe 3** schlagen. Umfüllen.
100 g Mandeln	in den Mixtopf geben und **5 Sekunden / Stufe 7** zerkleinern.
80 g Löffelbiskuits	halbiert zugeben.
20 g Amaretto	und
150 g Nugat, in Stücken	zugeben und **5 Sekunden / Stufe 5** vermischen. Zum Eiweiß geben und vorsichtig unterziehen.
500 g Dinkelmehl Type 630 *½ TL Meersalz* *180 g Butter* *100 g Zucker* *1 Päckchen Vanillezucker* *1 Päckchen Backpulver* *2 Eier* *250 g Magerquark*	Alle Zutaten in den Mixtopf geben. **10 Sekunden / Stufe 6** verrühren, dann **2 Minuten / Knetstufe** kneten.
	Aus dem Teig eine Platte ca. 40x40 cm ausrollen und mit der Nugatfüllung belegen.
	Den Teig zu einem Stollen formen, indem man ihn übereinanderschlägt.
	Bei **200°C Ober- / Unterhitze auf mittlerer Schiene ca. 35-40 Minuten** backen.
10 g Butter, auflösen	Mit der flüssigen Butter den noch warmen Stollen bestreichen.
Puderzucker	Dann mit bestäuben.

Nährwerte je Portion (100 g)

356,31 kcal / **1493** KJ • **18,18 g** Fett • **9,16 g** Eiweiß • **38,36 g** KH • **3,2** BE

Gabi's Leckerle

Den Backofen auf **200°C Ober- / Unterhitze** vorheizen.

120 g Walnüsse in den Mixtopf geben und **5 Sekunden / Stufe 4** zerkleinern. Umfüllen.

150 g Vollmilchschokolade in Stücken in den Mixtopf geben und **5 Sekunden / Stufe 5** zerkleinern. Zu den Nüssen umfüllen.

370 g Honig mit
20 g Wasser in den Mixtopf geben und **2 Minuten / 50°C / Stufe 2** erhitzen.

600 g Weizenmehl Type 1050
½ Päckchen Backpulver
1 TL Zimt
40 g Trinkschokolade (Pulver)
2 kleine Eier
1 Msp. Nelken, gemahlen
40 g Kirschwasser
zerkleinerte Nüsse und Schokolade

Alle restlichen Zutaten zugeben und **15 Sekunden / Stufe 6** vermischen, dann **40 Sekunden / Knetstufe** mithilfe des Spatels kneten.

Auf ein mit Backpapier ausgelegtes Blech geben und zu einer Platte auswellen.
Im Backofen auf der mittleren Schiene **ca. 15-18 Minuten** backen.

Zuckerguss:

100 g Puderzucker
2 TL Rum
2 TL Zitronensaft

in einer Tasse glatt verrühren. Auf die noch warme Platte streichen. Gleich in Quadrate schneiden.

Nährwerte je Portion (100 g)

354,46 kcal / **1484,57** KJ • **10 g** Fett • **7,78 g** Eiweiß • **57,76 g** KH • **4,81** BE

Cantuccini

(Foto)

Backofen auf **200°C Ober- / Unterhitze** vorheizen.

50 g Butter, halbfett
100 g Rohrzucker
2 Eier

Butter mit Zucker und Eier in den Mixtopf geben und **40 Sekunden / 37°C / Stufe 5** schaumig rühren.

100 g Mandeln
Mark ½ Vanilleschote
300 g Dinkelmehl, Type 1050
1 TL Backpulver
1 Prise Salz
½ Fl. Bittermandelaroma

Restliche Zutaten in den Mixtopf geben. **1 Minute / Knetstufe** kneten.

Den Teig halbieren, mit Mehl bestäuben und in ca. 40 cm lange Rollen formen.

Im vorgeheizten Backofen bei **200°C Ober- / Unterhitze 15 Minuten** vorbacken!

Die Rollen auskühlen lassen und schräg in 1 cm dicke Scheiben schneiden. Auf dem Backblech verteilen und **nochmals 12 Minuten bei 200°C backen.**

Nährwerte je Portion (100 g)

355,6 kcal / **1489,6** KJ • **14,06 g** Fett • **9,85 g** Eiweiß • **47,07 g** KH • **3,92** BE

Engelsaugen

60 g Zucker in den Mixtopf geben und **20 Sekunden / Stufe 10** pulverisieren.

150 g Butter
1 Päckchen Vanillezucker
2 Eigelb
250 g Weizenmehl Type 405
Schale ½ ungespritzten Zitrone

Restliche Zutaten zugeben und **10 Sekunden / Stufe 6** rühren.

Den Teig in Frischhaltefolie einpacken und 1 Stunde im Kühlschrank ruhen lassen.

Kleine Kugeln formen und auf ein mit Backpapier ausgelegtes Blech setzen. Mit einem Kochlöffelstiel in der Mitte kleine Mulden eindrücken. In die Mulden Marmelade füllen.

Backen: im vorgeheizten Backofen **ca. 10-15 Minuten bei 200°C Ober- / Unterhitze**.

Abgekühlte Plätzchen mit Puderzucker bestäuben.

Nährwerte je Portion (100 g)

448,96 kcal / **1878,77** KJ • **25,2 g** Fett • **5,86 g** Eiweiß • **49,76 g** KH • **4,15** BE

Winterpunsch mit Alkohol (Foto)

1 Glas Schattenmorellen mit Saft	in den Mixtopf geben und **5 Sekunden / Stufe 10** zerkleinern.
1 Liter Glühwein	
Saft 1 Zitrone	Restliche Zutaten zugeben und
Saft von 2 Orangen	**15 Minuten / 100°C / Stufe 2** erhitzen.
50 g Kirschlikör	Sofort servieren!

Nährwerte je Portion (100 g)
96,86 kcal / **404,9** KJ • **0,13 g** Fett • **0,37 g** Eiweiß • **16,2 g** KH • **1,35** BE

Nugatlikör

150 g Zucker	und
1 Pck. Bourbon-Vanillezucker	in den Mixtopf geben und **15 Sekunden / Stufe 10** pulverisieren.
200 g Nugat	zugeben und **5 Sekunden / Stufe 5** zerkleinern.
110 g heißer Espresso	und
200 g Cremefine zum Schlagen	zugeben. **6 Minuten / 80°C / Stufe 2** erhitzen.
500 g Doppelkorn	zugeben und **30 Sekunden / Stufe 3** vermischen.

In verschließbare Glasflaschen füllen. Im Kühlschrank aufbewahren.

Vor dem Servieren gut schütteln.

Nährwerte je Portion (100 g)
270,4 kcal / **1130,23** KJ • **6,22 g** Fett • **1,26 g** Eiweiß • **25,4 g** KH • **2,06** BE

Likörkugeln

200 g weiße Schokolade	in Stücken in Mixtopf geben und **5 Sekunden / Stufe 10** zerkleinern. **2 Minuten / 80°C / Stufe 3** erhitzen.
18 Löffelbiskuits, in Stücken *70 g Nugatlikör (Seite 126)* *40 g Butter*	Restliche Zutaten zugeben und **15 Sekunden / Stufe 5** mischen. Die Masse umfüllen und abkühlen lassen. Kugeln formen und in Kokosraspeln oder Kakao wälzen.

Nährwerte je Portion (100 g)

478,3 kcal / **2002,26** KJ • **23,1 g** Fett • **6,24 g** Eiweiß • **55,54 g** KH • **4,63** BE

Lebkuchen

100 g geschälte Mandeln	in den Mixtopf geben. **5 Sekunden / Stufe 8** zerkleinern. Umfüllen.
250 g Honig *20 g Wasser*	mit in den Mixtopf geben und **2 Minuten / 50°C / Stufe 2** erhitzen.
300 g Weizenmehl Type 1050 *1 TL Backpulver* *2 TL Lebkuchengewürz* *50 g Roggenmehl* *1 Ei* *10 g Kakao* *10 g Rum* *50 g Butter* *80 g Rohrzucker und die zerkleinerten Mandeln*	Restliche Zutaten zugeben und **12 Sekunden / Stufe 6** mithilfe des Spatels vermischen. Von Hand zusammenkneten und 1 Stunde im Kühlschrank ruhen lassen. Den Backofen auf **220°C Ober- / Unterhitze** vorheizen. Den Teig mit Mehl auswellen und Herzen ausstechen. Mit Wasser bepinseln. **Backen: ca. 10-15 Minuten auf mittlerer Schiene.**

Nährwerte je Portion (100 g)

356,34 kcal / **1492** KJ • **11,96 g** Fett • **7,22 g** Eiweiß • **54,5 g** KH • **4,54** BE

Weiße Kirschwasserkugeln

100 g Mandelblättchen in den Mixtopf geben. **3 Sekunden / Stufe 5** zerkleinern und **3 Minuten / Garstufe / Stufe 1** rösten. Umfüllen.

200 g weiße Crispschokolade in Stücken in den Mixtopf geben und **10 Sekunden / Stufe 10** zerkleinern.

200 g Marzipanrohmasse
20 g weiche Butter
30 g Kirschwasser
60 g von den gerösteten Mandeln

Restliche Zutaten in den Mixtopf abwiegen und **10 Sekunden / Stufe 4** vermischen. 1 Stunde kaltstellen.

Zu Rollen von ca. 2 cm Durchmesser formen und 1 cm dicke Scheiben schneiden. Aus denen Kugeln formen.
Eine Hälfte der Kugeln in den restlichen gerösteten Mandeln und die andere Hälfte in

1 EL Cappuccinopulver wälzen.
Im Kühlschrank aufbewahren!

Nährwerte je Portion (100 g)

528,6 kcal / **2212,5** KJ • **36,28 g** Fett • **10 g** Eiweiß • **37,8 g** KH • **3,15** BE

Wohlfühl Fußbad

500 g Meersalz
100 g Magermilchpulver
20 g getr. Lavendelblüten
10 Tropfen ätherisches Teebaumöl
10 Tropfen ätherisches Bergamotteöl
10 Tropfen ätherisches Lavendelöl

Alle Zutaten in den Mixtopf geben und **20 Sekunden / Stufe 8** mischen.

In einem luftdicht verschließbaren Glas aufbewahren!

Dosierung:

Pro Fußbad 2 EL von dem Duftsalz in **36-40°C warmes Wasser** geben.

15-20 Minuten mit Lieblingsmusik genießen!

Tipp: Anstatt Magermilchpulver kann man auch Folgemilch Babynahrung verwenden.

Blubber Badeherzen

50 g Natron
50 g Backpulver (mit der Mischung Natron/Backpulver blubbern sie besser)
50 g Zitronensäure
25 g Maisstärke (Maizena)
10 g Mandelöl
25 g Kokosfett (z. B. Palmin)
10 Tropfen ätherisches Bergamotteöl
10 Tropfen ätherisches Zitronenöl

Alle Zutaten in den Mixtopf geben und **2 Minuten / 37°C / Stufe 3** mischen.

Entweder mit einem Eishandportionierer Kugeln formen, Masse in Silikon- oder Seifenformen fest drücken und mindestens 1 Stunde ruhen lassen.

An kühlen Orten lagern, da das Kokosfett schnell weich wird.

Anwendung:

Beim Baden unter den Rücken legen und das Blubbern genießen!

Sie können die Duftnoten beliebig verändern, z. B. Teebaumöl, Thymian oder Lavendel.

Schokomakronen

160 g Zucker	im Mixtopf **10 Sekunden / Stufe 10** pulverisieren.
4 Eiweiß	und
1 Prise Salz	zugeben und **4 Minuten / 37°C / Stufe 4** steif schlagen. In eine große Schüssel umfüllen.
1 Tafel Zartbitterschokolade, in Stücken	im Mixtopf **10 Sekunden / Stufe 10** zerkleinern.
250 g Mandeln	zugeben und **5 Sekunden / Stufe 8** zerkleinern.
40 g Haferflocken	dazuwiegen und alles zum Eiweiß in die Schüssel geben. Von Hand vorsichtig unterziehen. Mit 2 Teelöffeln auf ein mit Backpapier ausgelegtes Blech kleine Häufchen setzen. **Backen: bei 200°C Ober- / Unterhitze ca. 12-14 Minuten.** Nicht zu dunkel werden lassen, sonst werden sie bitter!

Nährwerte je Portion (100 g)

400,6 kcal / **1677,43** KJ • **24,6 g** Fett • **11,1 g** Eiweiß • **34,1 g** KH • **2,8** BE

A

B

C

D

V

W

Z